农民权益保护法律政策读本

农村医疗卫生

《农民权益保护法律政策读本》编委会
宋森 丁巍 毛俊峰 编著

中国林业出版社

图书在版编目（CIP）数据

农村医疗卫生/《农民权益保护法律政策读本》编委会编著.
-北京：中国林业出版社，2004.8
（农民权益保护政策读本）
ISBN 7-5038-3826-4

Ⅰ.农… Ⅱ.农… Ⅲ.农村卫生-卫生法-中国-普及读物
Ⅳ.D922.16-49

中国版本图书馆CIP数据核字（2004）第069112号

出版：中国林业出版社（100009 北京西城区德内大街刘海胡同7号）
E-mail：cfphz@public.bta.net.cn 电话：66184477
发行：全国新华书店
印刷：北京地质印刷厂
版次：2005年6月第1版
印次：2005年6月第1次
开本：880mm×1230mm 1/32
印张：7.125
字数：160千字
定价：7.60元

《农民权益保护法律政策读本》编委会

主　编

姚敏扬　卢干奇

编　委

丁　巍　王亚东　王观芳　王洪宇　毛俊峰
田玉春　刘　彬　杨毅新　宋　森　张守祥
罗音宇　金维刚　周　敏　赵　鲲　胡平平
查海波　施　仁　贾　丽　柴海山　黄华波
龚怡生　廖加龙　缪富国

《农村医疗卫生》

编　著

宋　森　丁　巍　毛俊峰

有关法律、法规的常用网址

农业部 http：//www. agri. gov. cn

教育部 http：//www. moe. edu. cn

卫生部 http：//www. moh. gov. cn

劳动和社会保障部 http：//www. molss. gov. cn

民政部 http：//www. mca. gov. cn

最高人民法院 http：//www. court. gov. cn

人民网 http：//www. people. com. cn

新华网 http：//www. xinhua. org

中国农业信息网 http：//www. agri. gov. cn

中国普法网 http：//www. legalinfo. gov. cn

中国法律资源网 http：//www. lawbase. com. cn

中国法律资源库 http：//www. lawyer. ln. cn

中国法制网 http：//www. sinolaw. net. cn

法律之星 - 中国法律信息网 http：//www. law - star. com

中国法律法规资讯网 http：//www. chinalaw114. com

中国法院网 http：//www. chinacourt. org

国信中国法律网 http：//www. ceilaw. com. cn

新法规速递 http：//www. law - lib. com

法制日报 http：//www. legaldaily. com. cn

天涯法律网 http：//www. hicourt. gov. cn

中国妇女网 http：//www. women. org. cn

序

广大农民在生产、生活中常常会遇到一些涉及自身权益的法律政策问题。如：在土地承包、流转及征用征收中有哪些权利和义务；要交哪些税费，同时应享受国家哪些补贴优惠政策；购买种子、化肥等出现问题该如何办；国家对农村教育、医疗卫生有哪些政策；进城务工被拖欠工资该如何解决，等等。许多农民由于对法律政策不了解，不知道自己有哪些合法权益，遇到问题不知道该怎么办，受到侵害后也不知道通过何种途径解决。广大农民迫切需要了解掌握相关的法律政策，需要有贴近实际的通俗易懂的“明白书”。

我国是农业大国，13 亿人口中的大多数在农村。农业、农村、农民问题是我国改革与发展最重要、最基本的问题。党的十六大指出：“统筹城乡经济社会发展，建设现代农业，发展农村经济，增加农民收入，是全面建设小康社会的重大任务。”当前解决“三农”问题的重点和难点就是增加农民收入，维护农民的合法权益。长期以来，党和国家针对“三农”问题制定了一系列法律政策，这是维护农民合法权益的基本依据。把这些法律政策及时地落实到基层，送到农民手中，是当前一项重要而迫切的任务。

农村基层干部与农民贴得最近，是国家法律政策的重要执行者。广大农村基层干部掌握好法律政策，严格依法行政，对于贯彻落实胡锦涛总书记“情为民所系，权为民所用，利为民所谋”的重要指示，维护好广大农民的合法权益具有重要意义。

鉴于此，我们组织编写了《农民权益保护法律政策读本》这套丛书。丛书按农村土地、农村税收、农业生产经营、农村教育、农村医疗卫生、农村婚姻家庭、农民进城务工等方面分成若干册，围绕农民身边的权益问题，介绍了相关的法律政策，并配有案例及问题解答帮助读者加深理解。书中还附有所涉法律政策名录，以及查阅这些文件原文的网站名录。参加编写的基本上都是从事法律起草、政策研究或行政工作的同志，对相关法律政策和“三农”情况比较了解。成稿后我们还请有关专家学者、农村基层干部、农村教师和农民提出了修改意见。但由于目前农民权益保护方面的法律政策还在不断完善，因而有些问题还不能够作出充分解答。同时随着改革发展，相关的法律政策也在不断修改完善，因而广大读者要关注新法律政策的颁布，并以新的法律政策为准。

本套丛书的出版得到中国林业出版社的大力支持，在编写过程中也得到许多同志的帮助，在此一并表示感谢。为农民写书是一次尝试，不足之处，恳请广大读者提出宝贵意见。

《农民权益保护法律政策读本》编委会

2004 年 8 月

前　言

农业、农村和农民问题始终是关系党和国家全局的根本性问题。农村卫生工作直接关系到广大农民的身体健康，关系到农村经济的发展和社会的稳定。搞好农村卫生工作，是解决农业、农村和农民问题的重要内容。党和政府一直高度重视农村卫生工作。20世纪60年代，毛泽东同志就提出“把医疗卫生工作的重点放到农村去”。2002年，党中央和国务院又作出了《关于进一步加强农村卫生工作的决定》，为新时期农村卫生工作进行了规划和部署。但是，由于城乡经济发展水平的不同和城乡二元体制的制约，目前多数农民群众获得的卫生保障和健康水平明显低于城市居民。因此，维护广大农民合法的健康权益，在当前具有重大的现实意义。

为了使农民群众了解自己在卫生领域的权益和义务，我们编写了这本小册子，大致介绍国家在卫生领域的法律、法规和有关文件的规定。目前我国已经颁布了九部卫生专门法律和一部《人口与计划生育法》，我们根据农民群众的实际需要，挑选了一些与农民朋友健康权益关系比较紧密的法律和政策进行介绍，希望能对广大农民群众运用法律，维护自身的健康权益有所帮助。全书共分九讲，分别介绍我国农村的健康保障制度、农民看病、用药、职业病保护、计划生育等方面的内容。每一讲之后，列出了本讲所涉法律、法规和有关文件的目录，以方便农民朋友查阅。

编著者

2005 年 3 月

目　录

第一讲　我国农村健康保障和初级卫生保健制度

第一节　我国农村的健康保障制度

一、具有中国特色的健康保障制度

健康保障是指人们在患病、负伤、年老、生育及失业的情况下，由国家和社会对其提供必要的医疗卫生服务或物质帮助的一种社会保障制度。

在我国，医疗卫生服务是被当作社会保障事业运作的。建国初，我国即宣布卫生事业和医疗机构是福利性质的，福利政策主要通过卫生服务的供、需两个途径实施：

供方途径。指由国家提供低于成本的卫生服务和便宜的药品，它主要采用价格分配机制和财政性分配机制，财政补贴与服务收费之间是“全补不收、多补少收、少补多收、不补全收”的关系。具体政策有：在公有制基础上兴办卫生事业和民族医药产业，对卫生机构免征营业税，实行补贴（如由财政投入支持卫生机构的基建、设备购置、人员工资补贴和防病治病的经费）以及将药品收入补偿给卫生机构，使其成为分配福利的载体：公共卫生服务实行免费，医疗收费标准远远低于成本；药品定价低廉，使广大人民群众特别是农民能获得卫生服务，并通过被服务得到无形的补贴。

需方途径。指由国家或社会提供各种医疗保障，如医疗保险、医疗救济等，使社会公众能共同抵御疾病的费用风险。它主要采用的是保障性分配或财政性分配机制，如国家公职人员和公有制企业职工所享受的公费医疗和劳保医疗。在农村主要是建立各种形式的互助共济合作医疗。

改革开放后，国家从供、需两个途径保障国民健康的方针没变，但由于多种原因，医疗卫生服务的价格扶摇直上，全国医疗费用上涨的速度连续十余年超过国内生产总值和财政的增长速度，也超出同期物价的上涨幅度，看不起病、吃不起药的群众越来越多。

对农村居民来说，看病贵或看不起病的问题更为严重，他们的医疗卫生保障问题令人担忧。例如，目前农民的医疗支出约占其年收入的4%，对我国50%的农村居民来说，住一次院的费用相当于超过其全年的收入（2000年全国卫生部门综合性医院平均住院费3083元）。另据30个贫困县调查：28%的农民在生病时因无钱而不能就诊，51%的农民需住院而拒绝住院；25%的家庭不得不借钱看病，6%的家庭为看病不得不变卖家产，不少贫困户是因病致贫或因病返贫的。

目前，在党中央、国务院的直接部署下，我国正在深入进行城乡医疗体制的改革，医疗费用高增长的势头正在减缓。可以预期，随着经济社会的发展和卫生体制改革的深化，人民群众的健康保障问题会得到较好地解决。

二、建立新型农村合作医疗制度

2002年10月，在中共中央、国务院《关于进一步加强农村卫生工作的决定》和《关于建立新型农村合作医疗制度的意见》两个重要文件中，国家提出，要建立与农村经济社会发展水平、农民经济承受能力和医疗费用需要相适应的新型农村合作医疗制度，并申明要坚持农民自愿、因地制宜、循序渐进、科学规范、确保农民受益的原则。胡锦涛总书记和温家宝总理对此先后做出重要批示，指出新型农村合作医疗制度是为民、利民、便民的大好事，各级政府要周密部署、因势利导、总结完善，努力探索新形势下建立和完善农村合作医疗制度的新路子。

新型合作医疗制度的“新”主要体现在以下几个方面：

1. 筹资机制上明确了政府的责任

以往合作医疗强调农民个人和集体共同筹资，政府的责任更多体现在组织和号召上。由于许多农民家庭的承受能力有限，不能继续把医疗负担完全放在农民家庭上。保护农民身体健康、减轻他们的医药负担是政府义不容辞的责任。因此，国家首次明确了政府的经济责任：对合作医疗“实行农民个人缴费、集体扶持和政府资助相结合的筹资机制。”并规定从2003年起，中央财政对中西部地区除市区以外的参加新型合作医疗的农民每年按人均10元安排合作医疗补助资金，地方财政对参加新型合作医疗农民的补助每年不低于人均10元。也就是说，中央政府的补助和各级政府的配套资金加在一起，每位参加新型合作医疗的农民将得到的补助不低于20元。虽然新型合作医疗仍然实行农民个人缴费、集体扶持和政府资助相结合的筹资机制，而对于贫困地区的农民来说，政府的资助会起到较大作用。在筹资政策上，首次明确“农民为参加合作医疗、抵御疾病风险而履行缴费义务不能视为增加农民负担。”这就解决了一个影响合作医疗稳定发展，并长期困扰人们的棘手问题。

2. 确定了合作医疗的基本功能

新型合作医疗确定以大病统筹为主，重点是解决农民因患传染病、地方病等大病而出现的因病至贫、因病返贫的问题，也就是“保大病”。所谓“大病”系指因患严重疾病而发生大额的医疗费用，不是指疾病的“大”或“小”。由于当前合作医疗的筹资水平较低，不可能样样都保，对大额医疗费用补助有利于化解农民群众因病致贫、贫病交加的问题，符合中国多数农村地区的实际，强调“大病统筹为主”，并不意味着大病是惟一要保的。国务院在《关于建立新型农村合作医疗制度的意见》中指出:“有条件的地方，可实行大额医疗费用补助与小额医疗费用补助结合的办法。”

3. 建立有效的管理体制和社会监督机制

在管理体制上明确以县为单位进行筹资和管理，有别于传统合作医疗的“村办村管”、“村办乡管”、“乡村联办”等较低层次的统筹管理体制，提高了抵御大病风险的能力。国家决定在县里组成农村合作医疗管理委员会，下设经办机构，并在乡（镇）设立派出机构（人员）或委托有关机构代管。国家强调，合作医疗管理机构和人员所需经费列入同级财政预算，绝不允许花费合作医疗的一分钱，违者要追究责任。坚决杜绝截流、挪用农村合作医疗资金的现象，保证资金能全部、公正和有效地用在农民身上。国家还决定加大监督力度，规定县级农村合作医疗管理委员会要接受专门的监督委员会、同级人民代表大会的监督和审计部门的审计，这比过去的传统农村合作医疗规定的“专款专用”、“帐目日清月结，定期公布”力度要大。

4. 国家对陷入贫困的农民家庭实行医疗救助

医疗救助的对象主要是农村五保户和贫困农民家庭。国家成立医疗救助基金，资金通过政府投入和社会各界自愿捐助等多渠道进行筹集。例如，青海省从 1999 年 8 月起陆续在大通、湟中等 12 个县 121 个乡实行了农牧区特困家庭医疗救助制度。首先以乡为单位根据各村的经济状况确定救助人数。然后村民委员会对本村贫困家庭的经济状况进行摸底，提出拟救助的最贫困家庭的名单，经群众民主评议，在村内张榜公布征求意见后报乡政府批准，向救助对象发放医疗救助卡。医疗救助内容和补偿比例为：住院费用补偿 40% ~45%，享受免费的计划免疫服务，减免合作医疗入保金。

过去，农村的合作医疗、医疗救助和商业医疗保险是三个不同范畴并且各自独立运行的体制。这次协调了三者的关系，规定医疗救助的形式既可对患大病的给予医疗费用补助，也可资助他们参加合作医疗；而“经济发达的农村地区可以鼓励农民参加商业医疗保险。”这就为构建农村多层次的医疗保障体系指明了方向。

2004 年初，全国已有 30 个省、自治区、直辖市和新疆生产建设兵团确定了 304 个新型农村合作医疗试点县，约覆盖 9300 万农业人口，实际参加合作医疗的农民为 6450 万人，参加率达 69%。

三、新型农村合作医疗试点县的筹资和管理方式

湖北是国务院的新型农村合作医疗制度的试点省。长阳县当年举办合作医疗的经验曾经被毛主席批示过，是老的典型。2003 年 12 月，国务院召开的“全国新型农村合作医疗试点工作会议”的代表集中考察了长阳的试点情况。他们的合作医疗筹资来源主要有两块：

（1）按每位农村居民每年 10 元标准由政府进行补助，省财政、宜昌市财政和长阳县财政按 5∶3∶2 的比例拨付。

（2）农民自愿缴纳合作医疗基金，标准按每人每年10～15 元钱筹集。

所筹集的资金在县农业银行开设“新型农村合作医疗基金专户”和“新型农村合作医疗财政补助专户”，实行收支两条线各自封闭运行的管理模式。全部经费用于农民合作医疗的报销。各级合作医疗管理人员的工资和办公费用由财政拨付，不得侵占合作医疗资金。

他们的合作医疗基金划分为：门诊基金（占 27%）、住院基金（占 63%）、大病风险基金（占 5%）、农民健康体检基金（占 5%）。其中门诊基金进入农民的家庭帐户，用于家庭成员的门诊医疗费用的补贴；而住院基金主要用于大病统筹，农民患大病住院的医疗费用超过 50 元（有的为 200 元）可以按比例报销，最高额度（封顶线）为 10000 元。

他们的合作医疗的基金管理实行“三分开”，即：管帐的不管钱，管钱的不管帐，用钱的不见钱。也就是说，县财政部门负责合作医疗基金的征收，县合作医疗管理办公室负责参加合作医疗的农民住院、门诊费用的审核及补偿核算。

当地的农民在定点的村卫生室就诊，现场即可以得到补助；在村以外的定点医疗机构就诊时，要回本村卫生室核销。村卫生室每月与乡（镇）合作医疗管理办公室核销一次。所发生的门诊费用由各乡（镇）卫生院按月统计上报，然后经县合作医疗管理办公室审核，由财政局复核并下达付款通知书，农业银行向乡（镇）卫生院拨付。

农民在本县医疗机构住院可凭本人的合作医疗证和个人

身份证，自由选择任何一家定点医疗机构住院，出院时可以直接获得医疗补助；住院费用由定点医疗机构初审并向病人直接兑付减免的费用，之后每月定期将帐目报县合作医疗管理办公室复审，县财政局复核后下达付款通知书，由县农业银行再拨付给医疗机构。到本县以外的医疗机构住院，需事先到县合作医疗管理办公室办理转诊审批手续，经批准后到上一级合作医疗定点医院住院。出院时先由病人自行缴费结算，然后凭住院的医疗相关资料和费用单到户口所在的乡（镇）合作医疗管理办公室领取医疗补助。各乡每月与县合作医疗管理办公室核销一次。

他们的医疗费用结算实行“六公开”，即：定点医疗机构实行服务项目公开、诊疗内容公开、用药目录公开、收费标准公开、结算办法公开和减免结果公开。这样，使参加合作医疗的农民能清清楚楚地消费，明明白白地得到补偿。

四、新型合作医疗必须执行农民自愿参加的原则

既然农民群众是新型农村合作医疗制度的受益者，就必须尊重农民的意愿，维护他们的权益，好事应该要办好。任何靠强迫命令让农民群众办的事情都不可能成功，也不能持久。新型农村合作医疗制度的生命力就在于能不能赢得农民的信任。同时，刚刚进入小康阶段的农民群众对健康风险意识、自我保健意识和互助共济意识的建立是个逐渐的过程。要通过实例使农民群众见到实惠，可以采取喜闻乐见的方式向他们讲清参加的办法，加入后的权利和义务，经费如何筹集、使用和报销，解除农民的疑虑和担心，激发他们主动参加新型合作医疗的积极性。

任何追求合作医疗的参保率，强迫农民参加的行为，农

民都有权拒绝。国家对任何强迫农民参加合作医疗的行为都将予以查处。

五、农村卫生体制的改革

农村卫生工作是服务于农村、保障农民健康、保护农业生产力、使农民安居乐业的大事。

目前，各地农民普遍反映看病费用高，有限的收入被医药费耗尽，“小病磨、大病拖”的现象还比较普遍，不少农民既无力扩大再生产，也无力改善生活，甚至因病致贫、因病返贫。

为了推动农村卫生工作的改革与发展，2002 年 10 月，中共中央、国务院做出了《关于进一步加强农村卫生工作的决定》（简称《决定》）。《决定》针对当前农村卫生工作所面临的形势，明确提出了农村卫生工作的指导思想、奋斗目标和政策措施。《决定》提出：“到 2010 年，要在全国农村基本建立起适应社会主义市场经济体制要求和农村经济社会发展水平的农村卫生服务体系和农村合作医疗制度。主要内容有：建立基本设施齐全的农村卫生服务网络，建立具有较高专业素质的农村卫生服务队伍，建立精干高效的农村卫生管理体制，建立以大病统筹为主的新型农村合作医疗制度和医疗救助制度，使农民人人享有初级卫生保健，主要健康指标达到发展中国家的先进水平。”

《决定》中的政策措施在以下五个方面有了重大突破：

（1）明确提出由各级政府出资补助，积极组织引导农民建立以大病统筹为主的新型农村合作医疗制度，即中央财政通过专项转移支付，对中西部地区除市区以外的参加新型合作医疗的农民每年按人均 10 元给予补助，地方财政对参加新型合作医疗的农民补助每年不低于人均10元，由各地先行试点，取得经验，逐步推广，积极稳妥地推行新型农村合作医疗制度，并明确规定农民为参加合作医疗、抵御疾病风险而履行缴费义务不能视为增加农民负担。也就是说政府各级财政今后每年将拿出50亿~100亿元人民币直接补贴农民的大病统筹医疗。

（2）稳步实施《中国农村初级卫生保健发展纲要（2001~2010年）》，探索有效的工作机制和督导制度。各级政府按照分级管理、建立以县（市）为主的农村卫生管理体制，对农村公共卫生工作承担全面责任。要求坚持预防为主的工作方针，加强农村妇幼保健工作，大力开展爱国卫生运动，推进“亿万农民健康促进行动”。

（3）针对目前农村卫生服务网中出现的关系松散及其机构功能、服务水平和方式不能满足农民群众日益增长的卫生服务需求等问题，提出建立以公有制为主导、多种所有制形式共同发展的农村卫生服务网络。强调打破部门和所有制界限，统筹规划、合理配置、综合利用农村卫生资源，对符合准入条件的民办医疗机构，一视同仁给予适当的鼓励政策。调整现有乡（镇）卫生院布局，原则上每个乡（镇）有一所由政府开办的卫生院，并上划县级卫生行政部门管理。乡（镇）卫生院实行全员聘用制度，精简富余人员和分流不合格的人员，形成有生机、有活力的用人机制和分配机制，提高乡（镇）卫生院的工作效率，加强县、乡、村卫生机构纵向合作，发挥社会化卫生服务网络的整体功能。

（4）提高农村卫生人员的素质。目前我国农村乡村医生的学历水平偏低，不适应农民群众对医疗卫生服务水平的要求。《决定》明确了农村基层乡村医生向执业化方向转化的目标和加强乡村医生培养教育的相应措施。要求高等医学院校针对我国农村卫生的实际需要，采取初中毕业后学习5年或高中毕业后学习3年的高等专科教育制度等方式，定向为农村培养适用的卫生人才。建立健全继续教育制度，加强农村卫生人员的专业知识和技能培训。对卫生技术岗位上的非卫生技术人员有计划地清退，对达不到执业标准的人员逐步分流。到2005年，全国乡（镇）卫生院临床医疗服务人员应具备执业助理医师及以上执业资格；到2010年，全国大多数乡村医生要具备执业助理医师及以上资格。同时继续做好城市卫生支援农村卫生工作，鼓励城市退休和富余的卫生人员到农村服务，组织城市医疗机构和医务人员开展对口支援及巡回医疗活动，争取使农民不出乡村就可以得到较好的医疗卫生服务。

（5）解决农村卫生长期投入不足的问题。各级人民政府要逐年增加卫生投入，增长幅度不低于同期财政经常性支出的增长幅度。从2003年起到2010年，中央及省、地（市）、县级人民政府每年增加的卫生事业经费主要用于发展农村卫生事业。

第二节 我国农村的初级卫生保健制度

一、初级卫生保健的概念

千百年来，人们对医疗卫生服务的理解主要是看病、治病，却不懂得疾病是如何发生、发展和预防的。

上个世纪中叶，国际上开始注意到许多社会因素对健康和疾病的影响，若不采取各种公共措施进行预防，疾病很难得到有效的控制；同时还意识到，各种医疗卫生技术如果不能充分与人群紧密接触，就发挥不了多大作用，因而开始重视基层卫生服务。后来许多国家认为，有必要对世界各国的卫生服务系统发动一场大的变革，即在权力和资源分配、政治决策、卫生服务的提供、卫生体制的管理方面进行彻底变革，达到维护每一个地球人的健康权益，公平地为大家提供基本卫生服务。因此，1977 年，在第三十届世界卫生大会上，世界卫生组织（WHO）本着“健康是每一个人的基本权利，各国政府对其人民的健康负有责任”的精神，向各成员国提出了:“到 2000 年使全世界人民的健康水平能在社会上和经济上过着富有生机和活力的生活水平”即实现“2000 年人人享有卫生保健”的目标，并在 1978 年发表的《阿拉木图宣言》中，明确了初级卫生保健的概念:“初级卫生保健是一种基本的卫生保健，它依靠切实可行、学术上可靠而又受社会欢迎的方法和技术；它通过个人和家庭的充分参与而达到普及；其费用是国家和社区依靠自力更生和自决精神在各个发展阶段上有能力负担的；初级卫生保健是国家卫生系统的中心职能和主要焦点，是国家卫生系统和整个社会发展的组成部分，是个人、家庭和社区与国家卫生系统保持接触的第一环，它使卫生保健尽可能接近人民生活和工作场所，是卫生保健进程的首要步骤。”并指出初级卫生保健是实现“2000 年人人享有卫生保健”的基础，是一项分阶段实施的持久性社会目标。它体现了维护社会公正的原则，维护全体人民在享有卫生服务和卫生资源的分配与利用的公平性，强调卫生服务的可及性和覆盖面，尽可能减小城市与农村、高收入人群与贫困人群利用国家卫生资源的差距。

二、我国农村的初级卫生保健

上个世纪50年代以来，我国农村卫生工作面貌和农民的健康水平发生了显著变化，但是，由于经济发展水平不均衡，不少农村地区居民的平均期望寿命、孕产妇死亡率、婴儿死亡率等健康指标与城市相比有较大的差距；一些传染病、地方病、遗传病仍未得到根本解决，各种职业病、意外伤害事故在农村地区增多；一些农村地区的卫生机构房屋破旧、设备简陋、缺少高素质的医务人员；改水、改厕等文明、健康、科学的生活环境和生活方式在不少农村地区还未建立起来；特别是随着医疗费和医药费的不断上涨，在农村看不起病、吃不起药的问题日趋严重。实现“人人享有卫生保健”的重点在农村、难点也在农村。因此，我国参照世界卫生组织的全球性指标，从实际出发，80年代提出了以县为单位实现“2000年人人享有卫生保健”的10年奋斗目标，确定了12项规划目标的最低标准。

规划目标的最低标准

初级卫生保健指标	不同经济地区最低限标准（%）			
	贫困	温饱	宽裕	小康
1. 把初级卫生保健纳入县、乡（镇）政府工作目标和当地社会经济发展规划	100	100	100	100
2. 县、乡政府年度卫生事业拨款占两级财政支出的比例	8	8	8	8
3. 健康教育普及率	50	65	80	90
4. A. 行政村卫生室覆盖率	90	95	100	100
B. 甲级卫生室的比例	30	50	70	90
5. 集资医疗保健覆盖率	50	50	60	60

（续）

初级卫生保健指标	不同经济地区最低限标准（%）			
	贫困	温饱	宽裕	小康
6.“安全卫生水”普及率	60	70	80	90
7“卫牛厕所”普及率	35	45	70	80
8. 食品卫生合格率	80	80	85	85
9. 婴儿死亡率每5年递降百分比	20	15	8	5
10. 孕产妇死亡率每5年递降百分比	30	25	20	15
11. 儿童“四苗”单苗接种率	85	85	90	95
12. 法定报告病发病率每5年递降百分比	15	15	10	10

三、我国初级卫生保健的新进展

经过10年的努力，我国农村已基本实现了上述初级卫生保健的阶段性目标。为了不断提高初级卫生保健水平，国家再接再厉又继续提出了2001～2010年初级卫生保健发展纲要，并进一步确定了发展的总目标、主要任务、政府职责、实施策略和主要的保障措施。其中初级卫生保健的八项目标为：

（1）落实疾病预防控制措施，重点控制传染病、地方病、寄生虫病、职业病和其他重大疾病，加强精神卫生工作，防止各种意外伤害。稳定计划免疫接种率，提高现代结核病控制策略的人口覆盖率。预防、管理慢性非传染性疾病，做好老年保健。

（2）提高乡、村卫生机构常见病、多发病的诊疗水平，规范医疗服务行为，为农村居民提供安全有效的基本医疗服务。

（3）加强对孕产妇和儿童的管理，提高农村孕产妇住院分娩率，稳步降低孕产妇死亡率和婴儿死亡率，改善儿童营养状况，不断提高妇女儿童健康水平。

（4）加大农村改水、改厕力度，提高农村自来水及农村卫生厕所普及率，结合小城镇和文明乡镇建设，创建卫生乡镇，改善农村居民的劳动和生活环境。

（5）开展健康教育和健康促进，积极推进“全国亿万农民健康促进行动”，提高农村居民基本卫生知识知晓率和中小学健康开课率，倡导文明健康的生活方式，增强农村居民的健康意识和自我保健能力，促进人群健康相关行为的形成。

（6）依法加大对公共卫生、药品和健康相关产品的监督力度，控制危害农村居民健康的主要公共卫生问题，努力抓好食品卫生、公共场所卫生和劳动卫生。

（7）充分利用中医药资源，发挥中医药的特点与优势，不断提高农村中医药服务水平。

（8）完善和发展农村合作医疗，探索实行区域性大病统筹，逐步建立贫困家庭医疗救助制度，积极实行多种形式的农民医疗保障制度。

2001～2010年中国农村初级卫生发展纲要的参考指标

	东部地区	中部地区 （%）	西部地区
一、政府支持			
1. 把初级卫生保健纳入政府工作目标和社会经济发展规划	100	100	100
2. 政府对预防保健的投入	各省根据本纲要及有关规定自行确定		
二、农村医疗卫生机构与人员建设			
1. 乡村医疗机构覆盖率	100	90	85

（续）

	东部地区	中部地区 （%）	西部地区
2. 执业助理医师和执业医师占在乡（镇）、村两级提供服务的医生总数的比例	100/85	100/75	100/60
乡（镇）卫生院、村卫生室提供中医药服务的比例	各省根据本纲要及有关规定自行确定		
三、基本医疗管理规范率	95	90	85
四、疾病预防保健服务			
1. 主要慢性病管理率	50	35	20
2. 现代结核病控制策略人口覆盖率	95	95	95
3. 计划免疫接种率	95	90	85
五、卫生监督			
1. 食品卫生合格率	各省根据本纲要及有关规定自行确定		
2. 公共场所卫生合格率	各省根据本纲要及有关规定自行确定		
3. 劳动卫生监督合格率	各省根据本纲要及有关规定自行确定		
六、妇幼保健			
1. 孕产妇系统管理率	95	90	80
2. 孕产妇住院分娩率	80	60	50
3. 7 岁以下儿童保健覆盖率	95	80	60
七、环境卫生			
1. 自来水普及率	75	60	50
2. 卫生厕所普及率	65	55	35
八、健康教育			
1. 基本卫生知识知晓率	80	70	60
2. 中小学健康教育开课率	100	90	80
3. 人群健康相关行为形成率	70	60	50
九、医疗保障			
多种形式的农民医疗保障制度覆盖率	各省根据本纲要及有关规定自行确定		

（续）

	东部地区	中部地区 (%)	西部地区
1. 合作医疗覆盖率	各省根据本纲要及有关规定自行确定		
2. 大病统筹覆盖率	各省根据本纲要及有关规定自行确定		
十、居民健康水平			
1. 婴儿死亡率	以 2000 年为基数下降 1/5		
2. 孕产妇死亡率	以 2000 年为基数下降 1/4		
3. 5 岁以下儿童死亡率	以 2000 年为基数下降 1/5		
4. 法定报告传染病发病率	150/10 万	200/10 万	300/10 万
5. 5 岁以下儿童中、重度营养不良 患病率	以 2000 年为基数下降 1/4		
6. 主要地方病患病率或地方病患病率 5 年下降百分比	各省根据本纲要及有关规定自行确定		

四、初级卫生保健已列入立法日程

为了促进和规范初级卫生保健工作，2003 年，全国人大、国务院等有关立法单位召开专题研讨会，讨论初级卫生保健法的立法问题，对立法的重要性、必要性和可行性进行了论证，认为立法时机基本成熟，并于 2004 年正式列入第十届全国人民代表大会的立法规划。

该法的立法思想是以宪法为依据，从国家社会经济发展全局出发，着眼于卫生事业发展的长远利益，遵循卫生事业发展客观规律，适应现阶段我国社会经济发展水平，体现“人人享有卫生保健”的思想。

初级卫生保健法的主要内容包括：

（1）确立初级卫生保健工作在我国经济和社会长期发展的战略地位，确定各级政府、卫生及有关部门、社会组织、医疗卫生等机构和个人在初级卫生保健方面必须承担的责任和义务，建立新型的农村初级卫生保健管理体制。

（2）将经过实践检验行之有效的初级卫生保健政策，以法律形式规定下来。

（3）确立同经济发展相适应的初级卫生保健服务体系，建立和完善基层医疗卫生机构。

（4）落实各项预防保健工作的措施，建立基本医疗保障制度。

（5）建立分级管理，分类指导，社会参与，协调发展的初级卫生保健机制。

（6）提高基层卫生机构常见病、多发病的诊疗水平，规范医疗服务行为，为公民提供安全有效的基本医疗服务。完善基层疾病控制体系建设，提高应对突发公共卫生事件的能力。

（7）加强妇幼保健工作，降低孕产妇死亡率和婴儿死亡率，改善儿童营养状况，不断提高妇女儿童健康水平。

（8）加大农村改水、改厕力度，提高农村自来水及农村卫生厕所普及率，改善农村居民的劳动和生活环境。

（9）开展健康教育，提高健康水平。

（10）加强对公共卫生、药品和健康相关产品的监督力度，控制危害居民健康的主要公共卫生问题，加强食品卫生、公共场所卫生和劳动卫生。

（11）充分利用中医药资源，发挥中医药的特点与优势，明确中医药在初级卫生保健中的地位。

第三节　依法维护农村居民的健康权益

一、农村居民的健康合法权益逐步得到重视

我国现代的卫生立法始于20世纪。在北洋军阀和国民党统治时期，虽然制定和颁布了不少卫生法律，内容涉及卫生防疫、公共卫生、医政管理、药政管理、食品卫生和医学教育等方面，但是由于连年的战争和统治集团的腐败，这些法律形同虚设，没有得到认真的实施。

新中国成立后，以维护人民健康为宗旨的卫生立法进入了一个新的历史时期。1949年9月，起临时宪法作用的《共同纲领》中规定："提倡国民体育，推广卫生医药事业，并保护母亲、婴儿和儿童的健康"；1957年12月，第一届全国人民代表大会常务委员会第八十八次会议通过了《国境卫生检疫条例》，这是新中国历史上第一部卫生法律，此后，国务院陆续发布了31个卫生法规，卫生部发布了上百件部门规章和规范性文件。80年代初，随着改革开放的进程，社会主义民主和法制建设的不断加强，卫生法制建设进入了全面发展时期。我国《宪法》第二章"公民的基本权利和义务"第四十五条："中华人民共和国公民在年老、疾病或者丧失劳动能力的情况下，有从国家和社会获得物质帮助的权利。国家发展为公民享受这些权利所需要的社会保险、社会救济和医疗卫生事业。"第四十九条："婚姻、家庭、母亲和儿童受国家的保护。"这些规定为卫生立法提供了法律依据。到2002年底，我国已颁布的卫生法律有《药品管理法》《食品卫生法》《传染病防治法》《国境卫生检疫法》《母婴

保健法》《献血法》《执业医师法》《职业病防治法》和《人口与计划生育法》9部；国务院制定和发布的卫生行政法规三十多部，卫生部制定和发布的部门规章、卫生标准和规范性文件有千余件，各省、自治区、直辖市也结合当地实际制定了一大批地方性卫生法规或规章；此外，其他各种法律、法规中也有不少涉及卫生的条款。

但是，由于我国的卫生体制主要是在计划经济时期形成的，因而在某种程度上存在重视社会本位，忽视权利本位的问题。在卫生法律、法规中，虽然都强调保障人民健康，但过于原则，表现出来的主要是维护社会整体的健康权益，却缺少保护公民或患者切身权益的具体规范。如患者在就医时享有什么权利和义务，医患双方都不很清楚。

特别是在农村地区，农民的卫生法律意识比较薄弱，8部卫生法律（《国境卫生检疫法》主要涉及进出境者）的执法队伍基本设置在县及县以上城市，乡卫生院和村医疗点只能协助做一些工作，但这些工作人员不是法律授权的执法人员，因而他们的法律知识水平和工作能力参差不齐。因此，除《人口与计划生育法》能得到较为有效的落实外，其他多是卫生执法的薄弱点，甚至是盲点。农村往往是假冒伪劣药品、食品和非法行医多发的地方。据不完全统计，80%的假药案和80%不合格药品在农村；非法采集血液和血浆被损害的多是农民，致使艾滋病等严重传染病在部分农村地区播散；以提高人口素质、减少遗传病为目的的婚前医学检查往往得不到落实，或者检查项目类同于“征兵体检”；对各种传染病的控制力度明显偏低，一些曾被较好控制的传染病复燃；在职业病防治方面，如果说建国前30年职业病危害的对象主要是工矿企业的工人，近20年职业病危害的对象已转化为外出打工的农民和乡镇企业的农民，致伤、致残甚至致死的案件屡屡发生。我国农民对这些卫生法律的内容明显了解得不多，守法的意识也很淡薄，更不善于利用法律的武器来维护自身的健康权益。

目前，有关专家正在研究在法律中如何规范保障公民的健康权益问题，这涉及到维护基本人权中具有最高价值的生命权和健康权的法律问题。尤其是在社会主义市场经济体制条件下，如何用法律的形式来维护公民的健康权益更是一个十分现实的问题。

由于社会公共卫生和预防保健工作面对社会群体的特点，规范这部分卫生服务主要是依据行政法。而医疗卫生服务具有个人消费的商品属性，医患之间是平等的法律主体，规范公民的健康权益，可能在很大程度上要依据民法的基本原则。民法是调整市场平等主体之间的经济关系和人身关系，它集中地反映了市场经济的自愿、公平、等价有偿、诚实信用等市场经济的内在属性要求。

有关公民就医的权利问题，近几年来，一些专家在进行研究、借鉴像美国学者安纳斯等人关于病人权利法案草案的见解时，特别结合我国的《民法通则》《消费者权益保护法》《执业医师法》和《医疗机构管理条例》《医疗事故处理条例》等法律、法规的规定，根据我国国情，提出了不少宝贵意见，主要有：病人有维护自身生命健康不受侵害的权利，有获得基本医疗卫生服务的权利，对医疗服务有获得医疗信息和选择医疗服务的权利，有节省医疗费用的权利，有权了解和认识自己所患的疾病，并对其诊断、治疗处理及预后有知情同意权，病人在接受医疗服务时，有权要求医务人员不得将个人隐私泄漏给无关人员的隐私权，有人身受尊重权、民族习惯得到尊重的权利，有对医疗服务进行监督的权利，在受到不合理医疗伤害时获得赔偿的权利，等等。这些意见体现了对权利本位的关注，强调了对公民个人健康权益的保护，有利于促进权利本位和社会本位的良好结合。

目前，在合法维护自身健康权益的问题上，有些人把握还不准，会提出一些脱离实际的要求，如对疾病的诊断、治愈的要求，更多的人还不大懂得用法律的武器来维护自身的权益，这方面在农村地区表现更为突出一些。随着我国依法治国基本方略的逐步实施，公民法律意识的不断提高，医疗卫生体制的改革与调整，卫生法律、法规的完善，情况会逐渐好起来。

二、健康权利如何通过法律来补救

法律救济是指当事人的合法权利受到损害后，通过法律手段或途径恢复自己的合法权利或者获得赔偿。在卫生法律范围内，根据纠纷的性质不同，通常可以通过以下几种途径获得救济。

1. 卫生民事争议的法律救济

卫生民事争议是指平等的卫生法律主体之间发生的与卫生活动及卫生法调整范围有关的民事纠纷。卫生民事争议中比较常见的有医疗纠纷、医疗欠费纠纷、违反《药品管理法》的民事纠纷等。卫生民事争议通常可以通过协商、调解或民事诉讼来解决。

2. 卫生行政争议的法律救济

卫生行政争议是指公民、法人或者其他组织，不服卫生行政主体所作的具体行政行为所引起的法律争议。所谓具体行政行为，是指针对具体的人或事做出的行政行为，如罚款、吊销卫生许可证等，而发布政策性文件等不是针对特定人或事的行为，则不属于具体行政行为之列。卫生行政争议通常可以通过行政复议或者行政诉讼等解决。

行政复议。指公民、法人或者其他组织，不服行政主体所作的具体行政行为，依照法定的程序，向行政复议机关提出申请，由复议机关对有争议的具体行政行为和一定的抽象行政行为进行审查并做出决定的法律制度。行政复议是行政机关解决行政争议的一种方式，也是行政机关自我纠正错误的一种监督制度。

行政诉讼。指人民法院在当事人双方和其他诉讼参与人的参与下，依法审理公民、法人或者其他组织认为行政主体的具体行政行为侵犯其合法权益并以行政机关为被告提起诉讼的行政案件的诉讼活动，就是通常所说的“民告官”。

3. 关于卫生犯罪

所谓卫生犯罪，是指我国刑法所规定的破坏国家卫生管理制度和正常秩序，侵害公民的身体健康、生命安全，依法应当负刑事责任的行为。我国《刑法》第六章专列一节“危害公共卫生罪”规定了卫生犯罪（《刑法》第三百三十条至第三百三十七条）。具体罪名是：妨害传染病防治罪，妨害国境卫生检疫罪，非法组织卖血罪，强迫卖血罪，非法采集、供应血液，制作、供应血液制品罪，医疗事故罪，非法行医罪，非法进行节育手术罪，逃避动植物检疫罪。

本讲引用的法律、法规和政策

1.《中华人民共和国宪法》

（1982 年 12 月 4 日第五届全国人民代表大会第五次会议通过，1982 年 12 月 4 日全国人民代表大会公告公布施行；1988 年、1993 年、1999 年、2004 年修正）

2.《中华人民共和国民法通则》

（1986 年 4 月 12 日第六届全国人民代表大会第四次会议通过，1987 年 1 月 1 日施行）

3.《中华人民共和国行政诉讼法》

（1989 年 4 月 4 日第七届全国人民代表大会第二次会议通过，1990 年 10 月 1 日施行）

4.《中华人民共和国刑法》

（1979 年 7 月 1 日第五届全国人民代表大会第二次会议通过，1997 年修订，1997 年 10 月 1 日施行）

5.《中华人民共和国药品管理法》

（1984 年 9 月 20 日第六届全国人民代表大会常务委员会第七次会议通过，2001 年修订，2001 年 12 月 1 日施行）

6.《中华人民共和国食品卫生法》

（1995 年 10 月 30 日第八届全国人民代表大会常务委员会第十六次会议通过并施行）

7.《中华人民共和国传染病防治法》

（1989 年 2 月 21 日第七届全国人民代表大会常务委员会第六次会议通过，2004 年修订，2004 年 12 月 1 日施行）

8.《中华人民共和国国境卫生检疫法》

（1986 年 12 月 2 日第六届全国人民代表大会常务委员会第十八次会议通过，1987 年 5 月 1 日施行）

9.《中华人民共和国母婴保健法》

（1994 年 10 月 27 日第八届全国人民代表大会常务委员会第十次会议通过，1995 年 6 月 1 日施行）

10.《中华人民共和国献血法》

（1997 年 12 月 29 日第八届全国人民代表大会常务委员会第二十九次会议通过，1998 年 10 月 1 日施行）

11.《中华人民共和国执业医师法》

（1998 年 6 月 26 日第九届全国人民代表大会常务委员会第三次会议通过，1999 年 5 月 1 日施行）

12.《中华人民共和国职业病防治法》

（2001 年 10 月 27 日第九届全国人民代表大会常务委员会第二十四次会议通过，2002 年 5 月 1 日施行）

13.《中华人民共和国人口与计划生育法》

（2001 年 12 月 29 日第九届全国人民代表大会常务委员会第二十五次会议通过，2002 年 9 月 1 日施行）

14.《中华人民共和国消费者权益保护法》

（1993 年 10 月 31 日第八届全国人民代表大会常务委员会第四次会议通过，1994 年 1 月 1 日施行）

15.《中华人民共和国行政复议法》

（1999 年 4 月 29 日第九届全国人民代表大会常务委员会第九次会议通过，1999 年 10 月 1 日施行）

16.《关于进一步加强农村卫生工作的决定》

（中共中央、国务院 2002 年 10 月 29 日中发〔2002〕13 号颁布）

17.《医疗机构管理条例》

（1994 年 2 月 26 日国务院令第 149 号颁布，1994 年 9 月 1 日施行）

18.《医疗事故处理条例》

（2002 年 4 月 4 日国务院令第 351 号颁布，2002 年 9 月 1 日施行）

19.《关于建立新型农村合作医疗制度的意见》

（国务院办公厅2003年1月16日，国办发［2003］3号文件）

20.《关于进一步做好新型农村合作医疗试点工作的指导意见》

（国务院办公厅2004年1月13日国办发［2004］3号文件）

第二讲 看病

第一节 到政府卫生部门正式审批的医疗机构看病

一、《医疗机构管理条例》目的是保障公民健康

我国医疗机构数量众多、组成复杂，有些医疗机构不具备法定的条件，非法设立、行医，农民朋友由于缺乏这方面的知识，往往受骗上当。因此，熟悉国家对医疗机构管理的规定，十分必要。

《医疗机构管理条例》是国务院于1994年2月26日颁布，同年9月1日开始实施的一部法规。其立法目的主要是为了加强对医疗机构的管理，促进医疗卫生事业的发展，保障公民健康。为了便于这部法规的有效实施，国家卫生部随后颁布了《医疗机构管理条例实施细则》。

二、《医疗机构管理条例》的主要规定

（1）单位或者个人设置医疗机构，必须经县级以上地方人民政府卫生行政部门审查批准，并取得设置医疗机构批准书，方可向有关部门办理其他手续。

（2）任何单位或者个人，未取得《医疗机构执业许可证》，不得开展诊疗活动。

（3）医疗机构执业，必须遵守有关法律、法规和医疗技术规范。

（4）医疗机构不得使用非卫生技术人员从事医疗卫生技术工作。

（5）未取得《医疗机构执业许可证》擅自执业的，由县级以上人民政府卫生行政部门责令其停止执业活动，没收非法所得和药品、器械，并可以根据情节处以1万元以下的罚款。

（6）出卖、转让、出借《医疗机构执业许可证》的，由县级以上人民政府卫生行政部门没收非法所得，并可以处以5000元以下的罚款；情节严重的，吊销其《医疗机构执业许可证》。

（7）使用非卫生技术人员从事医疗卫生技术工作的，由县级以上人民政府卫生行政部门责令其限期改正，并可以处以5000元以下的罚款；情节严重的，吊销其《医疗机构执业许可证》。

此外，该条例的实施细则中还规定：医疗机构应当尊重患者对自己的病情、诊断、治疗的知情权利。在实施手术、特殊检查、特殊治疗时，应当向患者做必要的解释。因实施保护性医疗措施不宜向患者说明情况的，应当将有关情况通知患者家属。

第二节　医生要具备行医资格

《执业医师法》是全国人民代表大会常务委员会于1998年6月26日颁布的一部法律。它全面总结了我国建国40多年来，特别是改革开放以来医师队伍建设方面的经验与教训，对医师在我国社会主义现代化建设中和医疗卫生事业发展中的地位给予了充分肯定，对医师的资格获取、权利和义务、考核和培训等方面作了较为全面的规定，是我国医师队伍建设走向规范化、法制化的根本保障。本法对于保障医师的合法权益，提高医师职业道德和业务素质，加强医师队伍建设，保障人民群众身体健康等，都具有十分重要的意义。

一、国家实行医师资格考试制度

《执业医师法》明确规定，国家实行医师资格考试制度，这是国家对医师实行的一种特定的职业资格认定制度。也就是说，符合法定资格的人，才被允许担任医师。反之，不具备这种资格的人，不允许从事医师职业。《执业医师法》颁布之前，对医师的任职资格没有一个统一而严格的规定，致使一些思想道德素质较差、科学文化素质较低的人进入了医师队伍，这给我们的医师队伍建设造成了极大的损害，同时也给人民的健康带来了严重危害。这种情况在一些农村地区特别明显。

国家实行医师资格考试制度是确保医师队伍素质的基础。实行医师资格考试制度，有利于使医师队伍建设走上法制化轨道；实行医师资格考试制度，可以杜绝选拔、任用医师的主观随意性；实行医师资格考试制度，有利于提高医疗质量，发展医疗卫生事业。

二、以师承方式学习传统医学的人员的行医资格

《执业医师法》规定：以师承方式学习传统医学满 3 年或者经多年实践医术确有专长的，经县级以上人民政府卫生行政部门确定的传统医学专业组织或者医疗、预防、保健机

构考核合格并推荐，可以参加执业医师资格或者执业助理医师资格考试。考试的内容和办法由国务院卫生行政部门另行制定。

目前，在我国的中医师和少数民族传统医学医师中，有一部分医师是通过师傅带徒弟的方式培养的；另外还由于历史原因，有相当数量的医生并没有较高学历，但事实上却已经从事了多年的医师工作，并且临床经验较为丰富，医术确有专长。我国的国情是地域辽阔，人口众多。在边远农村，缺医少药现象依然十分严重。如果目前状况下仅仅依靠正规学历教育培养的医师，是远远不能满足我国广大人民群众的医疗需要的。对于以师承方式学习传统医学或者经多年临床实践医术确有专长的这部分医生，如果《执业医师法》的尺度过严，把他们完全排除在外，显然是不切实际的，这不仅会严重打击这部分人从医治病的积极性，也会加重基层缺医少药的状况。《执业医师法》的制定正是考虑到了这方面的实际情况，因此，对那些没有正规学历但却从事多年医生工作并确有专长的人，给他们继续从医的机会。国家虽然对这部分人开了“绿灯”，但并不意味着放任自流，并不是所有以师承方式或通过自学而从医的人，都可以参加医师资格考试，并进入医师队伍，严格控制和加强管理是必不可少的措施。关于具体的规定，《执业医师法》授权国务院卫生行政部门另行制定相应办法。

三、对个体行医的规定

随着我国社会主义市场经济体制的建立和医疗体制改革的进展，近年来社会办医、个体行医逐渐增多。个体诊所和个体医师是我国社会主义卫生事业的重要补充，为方便群众就医，特别是解决农村基层医疗问题发挥了重要作用。国家对个体行医问题一直持肯定态度，也出台了一系列政策，颁布了一些法规、规章等，目的在于引导个体医师遵纪守法，为人民健康服务。但不能否认，也有一些个体医师医德败坏，医术低劣，给人民群众健康带来危害，也极大地损害了个体医师的形象。个体医师的管理问题，是我国医师管理工作的一个重要方面。《执业医师法》中对个体行医问题做出了一些原则性规定："申请个体行医的执业医师，须经注册后在医疗、预防、保健机构中执业满五年，并按照国家有关规定办理审批手续；未经批准，不得行医。县级以上地方人民政府卫生行政部门对个体行医的医师，应当按照国务院卫生行政部门的规定，经常监督检查，凡发现有本法第十六条规定的情形的，应当及时注销注册，收回医师执业证书。"

四、关于急危患者的抢救

急危患者，一般指患急症或病情危重的患者。既然是急危患者，就意味着需要紧急、适当的医疗和抢救，否则就会延误时机，导致严重后果。救死扶伤是医师的天职，对急危患者尤其需要医师有高尚的职业道德和高度的责任心，对患者要实施高速度、高效率的诊治，使他们在短时间内得到初步的处理或抢救，以防止病变加重或伤势加剧。对待急危患者，医师的工作要做到主动、热情、机敏、果断。医师不能因需要加班、加时进行工作，或因不明患者身份，或因担心医疗费用等原因以及其他种种原因和借口而拒绝进行医疗处置，也不能拖延诊治时机。因此，《执业医师法》第二十四条规定："对急危患者，医师应当采取紧急措施进行诊治；不得拒绝急救处置。"

五、医师有义务向患者及其家属介绍病情

《执业医师法》规定:“医师应当如实向患者或者其家属介绍病情，但应注意避免对患者产生不利后果。”了解病情和相关的诊断、治疗及预后情况，是病人及其家属的权利。因此，《执业医师法》将如实向患者或者其家属介绍病情作为对医师的一项义务性规定。一般来说，当病人对疾病治疗过程和预后等有了充分和客观的了解后，会增加对战胜疾病的信心和对医师的信任程度，会积极、主动地去配合医师的治疗。具体负责患者医疗的医师，应当在避免对患者产生不利后果的原则下，采取适当的方式、使用能让病人正确理解的语言向病人或其家属介绍有关情况。在向病人介绍病情时，医师要注意自己的态度、语言和措辞。要遵照这样一个原则：通过病情的介绍，使病人感到他的医疗处置是安全、可靠、有效的；要使病人对恢复健康充满希望、树立信心，并且情绪稳定，态度乐观。如确属会给患者带来不良影响、在医学上不宜告诉患者或当时尚未明确诊断的情况，医师应当采取适当的方式向病人解释，但应向病人家属或其单位提供真实情况。

进行实验性临床医疗是临床医学研究的重要内容之一，它的主要对象是病人，必须以保证有利于病人治疗和病人安全，不增加病人痛苦为原则。有些研究必须在动物实验的基础上才能审慎地移用于病人身上。凡是新方法、新技术、新药物应用于病人，事先要充分估计可能发生的不良反应，并要有预防措施，以确保病人的安全。《执业医师法》还明确规定，医师进行实验性临床医疗，应当经医院批准并征得患者本人或者其家属同意后方可实施。

六、关于医师廉洁行医的规定

作为医师，廉洁行医是社会公德的要求，也是医德行为规范的重要内容，是医师全心全意为人民服务的重要标志。廉洁行医要求医务人员光明磊落，正直诚实，不徇私情，不图私利，要把为病人诊疗疾病，视为自己的本份和应尽的职责。绝不允许利用手中的处方权、手术刀等作为个人谋取私利的手段来勒索病人，或徇私舞弊，满足个别人的不正当的甚至是非法的要求，以换取个人的好处。把医患关系变成金钱关系，对医师来说，是道德的堕落。在医师执业过程中，病人出于某种心理或为了表达自己的感激之情，常常主动地向医师赠送礼品，对于这种情况，医师应当婉言谢绝。当然，如果医师主动去向病人索要礼品，那是更不应该的，是应当坚决杜绝的。因此，《执业医师法》规定:“医师不得利用职务之便，索取、非法收受患者财物或者牟取其他不正当利益。”所谓利用职务之便，是指利用行医的机会和为患者治病的便利条件，或借助患者救助于自己医术，求助于自己能给予特殊关照的心理，为自己谋取利益。

七、关于非法获取医师执业证书的法律责任

医师执业证书，是医师依法进行医疗执业活动的凭证，是国家对医师本人执业资格、能力的认可。医师执业证书由国务院卫生行政部门统一印制，经县级以上卫生行政部门直接发给医师本人。医师获取执业证书，需依本法通过资格考试，并按一定程序和要求进行注册。

以不正当手段取得的医师执业证书，包括仿造医师执业证书，通过作弊、欺骗、弄虚作假的手段或某种不法渠道获

得医师执业证书，这些都是违法的行为，是法律坚决不允许的，必定会受到法律的追究。依照《执业医师法》规定，卫生行政部门一旦发现不正当手段获取的医师执业证书，要予以吊销，并严肃查处。对参与仿造执业证书、协助不法分子办理医师执业证书、或由于工作失职及其他原因为不符合执业条件的人办理执业证书的工作人员，也要依法追究行政责任。

八、关于非法行医的法律责任

《执业医师法》第三十九条规定:“未经批准擅自开办医疗机构行医或者非医师行医的，由县级以上人民政府卫生行政部门予以取缔，没收其违法所得及其药品、器械，并处十万元以下的罚款；对医师吊销其执业证书；给患者造成损害的，依法承担赔偿责任；构成犯罪的，依法追究刑事责任。”

未经批准擅自开办医疗机构指，没有按法定程序经过国家有关部门的审批而自行开办医疗机构，并从事医疗活动。非法行医指，在没有取得医师执业证书的情况下从事医疗执业活动。其形式包括自己挂牌看病或在药店坐堂，挂靠在街道组织等单位开业行医；在集市上摆摊看病，流动行医，等等。

依本条规定，对于擅自开办医疗机构和非法行医的行为，要追究法律责任。首先是行政法律责任，卫生行政部门要对不法的医疗机构予以取缔，同时要没收其违法所得和药品、器械等，并对其处以罚款。对于在非法医疗机构中行医的医师，要吊销其证书。第二是民事责任，由于非法行医给患者造成损害的，要依据民事法律承担民事赔偿责任。第三是刑事责任，我国《刑法》第三百三十六条规定:“未取得医师执业资格的人非法行医，情节严重的，处三年以下有期徒刑、拘役或者管制，并处或者单处罚金；严重损害就诊人身体健康的，处三年以上十年以下有期徒刑，并处罚金；造成就诊人死亡的，处十年以上有期徒刑，并处罚金。”

第三节 《乡村医生从业管理条例》

我国是一个有着九亿农民的农业大国，农民健康保障是农业发展的前提。作为农村医疗保健“网底”的重要角色，乡村医生承担着十分重要的责任，他们的综合素质高低直接关系到广大农民能否得到可靠的医疗保障。长期以来，各级政府都很重视农村卫生工作，不少地方对乡村医生也采取了若干强化管理措施。

《乡村医生从业管理条例》（以下简称《条例》）是国务院根据《执业医师法》的规定，于2003年7月30日颁布，自2004年1月1日起施行的一部法规。这部法规的立法目的主要是为了提高乡村医生的职业道德和业务素质，加强乡村医生从业管理，保护乡村医生的合法权益，保障村民获得初级卫生保健服务。《条例》主要规定如下：

一、国家实行乡村医生执业注册制度

乡村医生执业注册工作由县级人民政府卫生行政主管部门负责。进入村医疗卫生机构从事预防、保健和医疗服务的人员，应当具备执业医师资格或者执业助理医师资格。不具备这一条件的地区，根据实际需要，可以允许具有中等医学专业学历的人员，或者经培训达到中等医学专业水平的其他人员申请执业注册，进入村医疗卫生机构执业。具体办法由

省、自治区、直辖市人民政府制定。条例公布前已取得县级以上地方人民政府卫生行政主管部门颁发的乡村医生证书的乡村医生，如果已取得中等以上医学专业学历，或者在村医疗卫生机构连续工作20年以上，或者按照省、自治区、直辖市人民政府卫生行政主管部门制定的培训规划，接受培训取得合格证书的，可以向县级人民政府卫生行政主管部门申请乡村医生执业注册，取得乡村医生执业证书后，继续在村医疗卫生机构执业。条例还规定，对具有县级以上地方人民政府卫生行政主管部门颁发的乡村医生证书，但不符合规定条件的乡村医生，在条例施行后6个月内，县级人民政府卫生行政主管部门应当进行有关预防、保健和一般医疗服务基本知识的培训，并根据省、自治区、直辖市人民政府卫生行政主管部门确定的考试内容、考试范围进行考试。培训并考试合格的才可以申请乡村医生执业注册。

二、乡村医生取得执业证书后方可从事预防、保健和一般医疗服务

执业证书有效期为5年。有效期满需要继续执业的，应当在有效期满3个月申请再注册。《条例》还规定，不具有完全民事行为能力的；受刑事处罚，自刑罚执行完毕之日起至申请执业注册之日止不满2年的；受吊销乡村医生执业证书行政处罚，自处罚决定之日起至申请执业注册之日止不满2年的，均不予注册乡村医生。乡村医生如有死亡或者被宣布失踪的；受刑事处罚的；中止执业活动满2年的；考核不合格，逾期未提出再次考核申请或者经再次考核仍不合格的，由原注册的卫生行政主管部门注销执业注册，收回乡村医生执业证书。按照《条例》要求，符合规定并申请在村

医疗卫生机构执业的人员，应当持村医疗卫生机构出具的拟聘用证明和相关学历证明、证书，向村医疗卫生机构所在地的县级人民政府卫生行政主管部门申请执业注册。县级人民政府卫生行政主管部门应当自受理申请之日起15日内完成审核工作。对符合规定条件的准予执业注册，发给乡村医生执业证书；对不符合规定条件的，不予注册，并书面说明理由。

三、省、自治区、直辖市人民政府卫生行政主管部门制定乡村医生基本用药目录

乡村医生应当在乡村医生基本用药目录规定的范围内用药。《条例》规定，乡村医生违反规定使用乡村医生基本用药目录以外的处方药品的，将承担法律责任。有此类行为的，由县级人民政府卫生行政主管部门责令限期改正，给予警告；逾期不改正的，责令暂停3个月以上6个月以下执业活动；情节严重的，由原发证部门暂扣乡村医生执业证书。《条例》还规定，乡村医生应当如实向患者或者其家属介绍病情，对超出一般医疗服务范围或者限于医疗条件和技术水平不能诊治的病人，应当及时转诊；情况紧急不能转诊的，应当先行抢救并及时向有抢救条件的医疗卫生机构求助。《条例》规定，乡村医生不得出具与执业范围无关或者执业范围不相符的医学证明。

四、对乡村医生考核应充分听取乡村医生执业的所在村民委员会和村民的意见

《条例》规定，县级人民政府卫生行政主管部门负责检查乡村医生执业情况，收集村民对乡村医生业务水平、工作质量的评价和建议，接受村民对乡村医生的投诉，并进行汇

总、分析。汇总、分析结果与乡村医生接受培训的情况，作为对乡村医生进行考核的主要内容。《条例》规定，县级人民政府卫生行政主管部门应当将准予执业注册、再注册和注销注册的人员名单向其执业的村医疗卫生机构所在地的村民公告。村民和乡村医生发现违法办理乡村医生执业注册、再注册、注销注册的，可以向有关人民政府卫生行政主管部门反映；有关人民政府卫生行政主管部门对反映的情况应当及时核实，调查处理，并将调查处理结果予以公布。

《条例》还规定，有关人民政府卫生行政主管部门对村民和乡村医生提出的意见、建议和投诉，应当及时调查处理，并将调查处理结果告知村民或者乡村医生。

五、未经注册从事医疗活动的应受到处罚

未经注册在村医疗卫生机构从事医疗活动的，由县级以上地方人民政府卫生行政主管部门予以取缔，没收其违法所得以及药品、医疗器械，违法所得5000元以上的，并处违法所得1倍以上3倍以下的罚款；没有违法所得或者违法所得不足5000元的，并处1000元以上3000元以下的罚款；造成患者人身损害的，依法承担民事赔偿责任；构成犯罪的，依法追究刑事责任。《条例》还规定，以不正当手段取得乡村医生执业证书的，由发证部门收缴乡村医生执业证书；造成患者人身损害的，依法承担民事赔偿责任；构成犯罪的，依法追究刑事责任。

案例与问题解答

1. 非法行医致人死亡被判 10 年

2003 年 2 月，福建省某市现年 26 岁的许某在未取得执业医师资格和《医疗机构执业许可证》的情况下，私自开了家诊所。2002 年 3 月，村民高某因 4 岁的女儿发高烧，先后两次背着女儿找许某看病。许某给患儿试了体温后给开了些感冒药。因连续两天未见好转，患儿的外婆又带外孙女找许某治疗。此时，许某仍说患儿是感冒发烧，并进行输液。在输液过程中，患儿突然口吐白沫，被立即转到县医院抢救。孩子虽经全力抢救但仍无效死亡。经市公安局法医检验：患儿是因为肺部感染并心力衰竭，感染性、中毒性休克死亡。市公安机关接到报警后，派警员将许某带回审查。此案由市人民检察院提起公诉。在诉讼过程中，被害女童的父母向法院提起附带民事诉讼。市人民法院审理后依法判决：被告人许某犯非法行医罪，判处有期徒刑 10 年，并处罚金 5000 元，赔偿附带民事诉讼原告人高某经济损失 29357.10 元。

分析：《执业医师法》规定："未经医师注册取得执业证书，不得从事医师执业活动。"《医疗机构管理条例》规定："任何单位或者个人，未取得《医疗机构执业许可证》，不得开展诊疗活动。"《执业医师法》还规定："未经批准擅自开办医疗机构行医或者非医师行医的，由县级以上人民政府卫生行政部门予以取缔，没收其违法所得及其药品、器械，并处十万元以下的罚款；对医师吊销其执业证书；给患者造成损害的，依法承担赔偿责任；构成犯罪的，依法追究刑事责任。”本案中许某既未取得执业医师资格，又未取得《医疗机构执业许可证》，私开诊所，擅自进行诊疗活动，违反了上述法律，造成被害人死亡的恶果，所以应受到法律的严惩。

2. 打着祖传名医的幌子行医致人死亡

河南农民张××打着祖传名医、正骨医师的幌子吹嘘“专治大医院治不了的病”，不用手术完全用手法和气功治病，疗效“无一不好”。患者王××动了心，让其给自己治疗双下肢关节炎和脊柱强直性类风湿性关节炎病，张××先索取了1000元钱后，将患者王某放在借来的长凳子上，搬起左腿用蛮力往下压，将被害人的膝关节和髋关节生硬搬折，患者王某拼命嚎叫疼痛难忍，张××用毛巾将王某的嘴堵上，说是“不能泄了元气”，致使王某因疼痛性休克死亡。后经人民法院审理，以非法行医罪将张××绳之以法。

分析：本案属于典型的非法行医案件，张某完全没有医疗常识，更不可能取得执业医师资格。他打着祖传名医的幌子行医，最后造成被害人死亡的严重后果，理应受到法律的严惩。

本讲引用的法律、法规和政策

1.《中华人民共和国刑法》

（1979 年 7 月 1 日第五届全国人民代表大会第二次会议通过，1997 年修订，1997 年 10 月 1 日施行）

2.《中华人民共和国执业医师法》

（1998 年 6 月 26 日第九届全国人民代表大会常务委员会第三次会议通过，1999 年 5 月 1 日施行）

3.《医疗机构管理条例》

（1994 年 2 月 26 日国务院令第 149 号颁布，1994 年 9 月 1 日起施行）

4.《乡村医生从业管理条例》

（2003 年 8 月 5 日国务院令第 386 号颁布，2004 年 1 月 1 日施行）

5.《医疗机构管理条例实施细则》

（1994 年 8 月 29 日卫生部令第 35 号公布，1994 年 9 月 1 日起施行）

第三讲　用　药

第一节　《药品管理法》的主要内容

《药品管理法》是全国人民代表大会常务委员会在1984年颁布的规范药品生产、经营活动的重要法律，2001年进行了修订。《药品管理法》实施以来，对于保证药品质量，保障人民用药安全、有效，打击制售假劣药品，发挥了重要的作用。

一、药品监督管理的执法部门

《药品管理法》第五条规定：“国务院药品监督管理部门主管全国药品监督管理工作。国务院有关部门在各自的职责范围内负责与药品有关的监督管理工作。省、自治区、直辖市人民政府药品监督管理部门负责本行政区域内的药品监督管理工作。省、自治区、直辖市人民政府有关部门在各自的职责范围内负责与药品有关的监督管理工作。”

按照这一规定，各级药品监督管理部门是药品监督管理工作的执法主体。因此，任何药品的生产和经营活动，都要服从药品监督管理部门的指导和监督；同时，如果我们遇到有关药品质量问题以及违反《药品管理法》的行为，可以向当地的药品监督管理部门投诉。

二、开办药厂必须具有《药品生产许可证》

《药品管理法》第七条对开办药厂作出了明确规定:“开办药品生产企业，须经企业所在地省、自治区、直辖市人民政府药品监督管理部门批准并发给《药品生产许可证》，凭《药品生产许可证》到工商行政管理部门办理登记注册。无《药品生产许可证》的，不得生产药品。《药品生产许可证》应当标明有效期和生产范围，到期重新审查发证。”

根据本条规定，开办药品生产企业，要经省级以上人民政府的药品监督管理部门批准。只有依法经过批准，并取得《药品生产许可证》的企业，才可以生产药品；在任何情况下，没有《药品生产许可证》而生产药品的行为都是违法行为。目前，在一些农村地区，有些不法分子由于利益驱动，未经过任何部门的批准就擅自开办药厂，生产假劣药品，坑害广大农民群众。这是一种严重的违法行为，农民群众对此现象应当有所警惕。

当然，具备一定条件的农村基层地区，也可以开办药厂。开办药厂需要在人员、厂房、设施、卫生环境、质量管理、规章制度等方面具备一定的条件，具体条件国家有关部门已经制定了规定。

三、开办药店必须具有《药品经营许可证》

《药品管理法》第十四条对开办药品经营企业作出了明确规定:“开办药品批发企业，须经企业所在地省、自治区、直辖市人民政府药品监督管理部门批准并发给《药品经营许可证》；开办药品零售企业，须经企业所在地县级以上地方药品监督管理部门批准并发给《药品经营许可证》，凭《药品经营许可证》到工商行政管理部门办理登记注册。无《药品经营许可证》的，不得经营药品。《药品经营许可证》应当标明有效期和经营范围，到期重新审查发证。药品监督管理部门批准开办药品经营企业，应当遵循合理布局和方便群众购药的原则。”

根据《药品管理法》的规定，开办药品经营企业还必须具备以下具体条件：

（1）具有依法经过资格认定的药学技术人员。

（2）具有与所经营药品相适应的营业场所、设备、仓储设施、卫生环境。

（3）具有与所经营药品相适应的质量管理机构或者人员。

（4）具有保证所经营药品质量的规章制度。

同时，药品经营企业必须按照国务院药品监督管理部门依据《药品管理法》制定的《药品经营质量管理规范》经营药品。

因此，经营药品一定要依法，随意地卖药是一种违法行为。现在农村地区一些不法药贩比较多，农民群众应当坚决抵制这一行为，不要贪图便宜而从不法药贩处购买药品，更不能参与非法经营药品的活动。

四、城乡集市贸易市场一般只能出售中药材

《药品管理法》规定：“城乡集市贸易市场可以出售中药材，国务院另有规定的除外。城乡集市贸易市场不得出售中药材以外的药品，但持有《药品经营许可证》的药品零售企业在规定的范围内可以在城乡集市贸易市场设点出售中药材以外的药品。”

这一规定有下面两方面的含义：

(1) 城乡集市贸易市场可以出售中药材。中药是我国的宝贵财富，中药材集贸市场在我国也有较悠久的历史。《药品管理法》做出此项规定，是从我国的国情出发，有利于发展祖国的传统医药，为中药材的流通提供方便，同时也可以满足一般群众购买中药材的需要。需要强调的是，此处所讲的中药材，一般是指普通的中药材，而对于一些名贵稀有的、属国家保护品种的中药材的销售，是应当按照国家的有关规定执行的。国家的有关规定包括国务院制定的有关法规，比如国家《中药品种保护条例》等，还包括国务院有关部门制定的相关文件。

(2) 城乡集市贸易市场在一定限制条件下，可以出售中药材以外的药品。允许销售中药材以外的药品，其前提是要符合三个条件：①持有《药品经营许可证》；②经过有关部门的批准；③在规定的范围内销售。在城乡集市贸易市场上如何销售药品，《药品管理法》授权国务院作出规定。

五、实行特殊管理的药品

《药品管理法》规定："国家对麻醉药品、精神药品、医疗用毒性药品、放射性药品，实行特殊管理。管理办法由国务院制定。"

麻醉药品易使人体产生依赖性；精神药品直接作用于人体中枢神经系统，连续使用会危害人体健康；医疗用毒性药品毒性剧烈、治疗剂量与中毒剂量相近，使用不当会致人中毒或死亡；放射性药品是用于临床诊治疾病的放射性核素，对人体健康会产生不良影响。因此，国家对这类药品必须实行特殊管理。

国务院已于1987年11月28日发布了《麻醉药品管理办法》，1988年12月27日发布了《精神药品管理办法》和《医疗用毒性药品管理办法》，1989年1月13日发布了《放射性药品管理办法》。药品生产经营企业或医疗机构必须严格遵守国务院制定的这些办法。

六、民间习用药材的管理

地区性民间习用药材是指国家药品标准没有收载而在局部地区有多年生产、使用习惯的药材品种。地区性民间习用药材在某些地区广泛流传、长期使用，对治疗疾病具有一定的效果。但目前地区性民间习用药材的管理也存在一些问题。特别是药材质量不一，流行范围不同，给管理工作带来了一定难度，甚至扰乱了药品流通领域的正常秩序。有一些不法商贩打着民间特效药、祖传秘方的幌子，兜售假劣药品，坑害人民群众。原则上说，应当允许地区性民间习用药材的存在和使用，使其继续为地区人民的身体健康服务，但国家加强对其的管理也是十分必要的。《药品管理法》授权国务院药品监督管理部门和中医药管理部门共同制定地区性民间习用药材的管理办法。

七、禁止生产销售假药

生产、销售假药危害人民健康，扰乱药品市场，是一种严重的违法犯罪行为。制售假劣药品的行为，目前在我国一些地区比较严重。

根据《药品管理法》的规定，药品实际标准和成份与国家制定的药品标准和成份存在差距的为假药。药品是用于防病治病的，每种药品都有其独特的质量标准和有效成份，并且应当是严格按照国家药品标准和批准的工艺生产的。国家药品标准是法定的标准，如果药品成份不符合国家标准，或者以他种药品冒充此种药品，势必会影响药品的应有功效和使用安全，会出现毒、副反应。在生产销售活动中，为牟取经济利益，以廉价的原料代替贵重的原料或偷工减料，以质量低劣的药品冒充合格的药品，这些行为都是违法的。

此外，有些情况可以按假药论处。国家药品监督管理部门为保证人民健康和用药安全，根据药品实际使用情况做出了一些禁止性规定，比如，对一些疗效不确切、有严重毒、副作用的药品，做出禁止使用的决定。被禁止使用的药品应当视为假药；未经过审批或规定的检验以及未依法取得各种批准文号的生产销售行为已经是违法行为，因此，生产销售的药品应当视为假药；由于种种原因，药品被有害物质如农药、化学物质等污染后，不但药品本身的功效发生变化，又沾染上了有毒成份，或者药品在各种因素作用下，质量发生变化，失去了应有的作用，这两种情况应当按假药处理；药品所标明的功效应与实际相符，任意夸大疗效和适用范围不仅于病人治疗疾病毫无益处，还会延误病人的治疗，所以这种情况也应按假药处理。

八、禁止药品销售过程中的价格欺诈行为

《药品管理法》规定:“依法实行政府定价、政府指导价的药品，政府价格主管部门应当依照《价格法》规定的定价原则，依据社会平均成本、市场供求状况和社会承受能力合理制定和调整价格，做到质价相符，消除虚高价格，保护用药者的正当利益。药品的生产企业、经营企业和医疗机构必须执行政府定价、政府指导价，不得以任何形式擅自提高

价格。药品生产企业应当依法向政府价格主管部门如实提供药品的生产经营成本，不得拒报、虚报、瞒报。”

这一规定涉及了政府定价和政府指导价这两个概念。根据《价格法》中的定义：

政府定价，是指由政府价格主管部门或者其他有关部门依法按照定价权限和范围制定的价格。

政府指导价，是指由政府价格主管部门或者其他有关部门，依法按照定价权限和范围规定基准价及其浮动幅度，指导经营者制定的价格。

药品是人民群众为维护自身健康所离不开的特殊商品。因此，为防止由于药价昂贵而导致人民群众吃不起药、看不起病的现象发生，同时也为了防止药品生产经营企业在价格方面的不正当竞争、甚至欺诈行为的出现，国家必须对药品的价格加强管理和进行适当控制，特别是对于一些常用的药品，要实行政府定价和政府指导价。无论是政府定价还是政府指导价的药品，都是由国家来规定最高零售价格或基准价及其浮动幅度。药品零售单位（含医疗机构）在对药品进行具体定价时，必须在不突破国家制定的最高零售价或价格范围的前提下，制定实际销售价格。

《药品管理法》对国家价格主管部门制定药品价格应遵守的原则以及药品生产经营企业的义务都做出了明确的规定，无论是国家价格主管部门还是药品生产经营企业都应当自觉遵守。

《药品管理法》还规定：“依法实行市场调节价的药品，药品的生产企业、经营企业和医疗机构应当按照公平、合理和诚实信用、质价相符的原则制定价格，为用药者提供价格合理的药品。药品的生产企业、经营企业和医疗机构应当遵守国务院价格主管部门关于药价管理的规定，制定和标明药品零售价格，禁止暴利和损害用药者利益的价格欺诈行为。

所谓市场调节价，是指由经营者自主制定，通过市场竞争形成的价格。具体来说，对于市场调节价药品，由生产企业根据生产经营成本和市场供求情况制定零售价。药品批发、零售单位（含医疗机构）要在不超过生产企业制定的零售价格的前提下，制定药品实际销售价格。

九、药品消费价格清单

近年来，医疗费用不断上涨，药品价格不可估测。一些患者常常将矛头直接指向医疗机构。药品价格虚高的问题有种种原因，涉及方方面面。应当说，我国绝大多数医疗机构是遵纪守法的，在药品价格上严格执行有关规定，并没有谋求暴利的行为。但也确实有个别医疗机构，存在着乱开药、乱加价的问题。《药品管理法》规定："医疗机构应当向患者提供所用药品的价格清单；医疗保险定点医疗机构还应当按照规定的办法如实公布其常用药品的价格，加强合理用药的管理。具体办法由国务院卫生行政部门规定。"这条规定的基本含义有四个方面：

（1）医疗机构应当向患者提供所用药品的价格清单，包括接受患者关于药品价格方面的查询。

（2）医疗保险定点机构除了应当向患者提供所用药品的价格清单外，还要如实公布医疗保险常用药品的价格，做到明码标价。

（3）医疗机构要加强合理用药的管理，加强药品价格的管理。

（4）授权国务院卫生行政部门制定具体办法。

十、依法发布药品广告

《药品管理法》对药品广告作出了明确规定。第六十条规定："药品广告须经企业所在地省、自治区、直辖市人民政府药品监督管理部门批准，并发给药品广告批准文号；未取得药品广告批准文号的，不得发布。处方药可以在国务院卫生行政部门和国务院药品监督管理部门共同指定的医学、药学专业刊物上介绍，但不得在大众传播媒介发布广告或者以其他方式进行以公众为对象的广告宣传。"第六十一条规定："药品广告的内容必须真实、合法，以国务院药品监督管理部门批准的说明书为准，不得含有虚假的内容。药品广告不得含有不科学的表示功效的断言或者保证；不得利用国家机关、医药科研单位、学术机构或者专家、学者、医师、患者的名义和形象作证明。非药品广告不得有涉及药品的宣传。"

1. 药品广告的批准

药品广告的批准部门是省级药品监督管理部门，发布药品广告必须持有广告批准文号。药品监督管理部门要对申报的广告内容进行严格的审核，只有对符合规定的药品广告，才能发给批准文号。

2. 处方药不能在大众媒体上做广告

据了解，目前很多患者是通过大众媒体的广告宣传来了解药品性能并决定是否购买的。处方药是经医师开具处方才能使用的，必须依法进行严格管理，只应对医师等专业人员作适当宣传，世界上大多数国家都禁止处方药在大众媒体上作广告。此外，由于目前有些医药期刊尽管有一定的专业性，但发行范围却很广，在实际操作中很难界定其专业性质或大众性质。因此，依据《药品管理法》规定，允许发布处方药广告的专业期刊必须是国务院卫生行政部门和国务院药品监督管理部门共同指定的。

3. 药品广告内容应当符合以下三个原则

（1）真实、合法。目前药品广告过多、过滥，许多广告对药品的功效作虚假宣传，误导消费者。因此，药品广告首先应当遵守的原则就是：内容必须真实、合法，而且必须以国务院药品监督管理部门批准的说明书为准。

（2）不能有权威性的承诺。这意味着：①类似“治疗显效率100%”等不科学、不客观的宣传是不允许的；②以专题报道、人物专访、科技成果等形式，借用权威机构的名义作药品广告宣传是被禁止的；③专家、学者、医师、患者不能为药品疗效的宣传作证明或充当代言人。

（3）非药品广告不得宣传药品。主要是为了防止不符合规定的广告改头换面地出现在其他类广告中。目前，确实有一些药品类广告，虽然没能通过药品监督管理部门的审核，但却以其他类广告的名义通过了有关部门的审核，这些广告名为宣传某种商品，实为宣传药品。《药品管理法》实施后，这类广告被禁止。

第二节　违法生产、经营药品的法律责任

一、无证生产、经营药品

《药品管理法》对无证生产、经营药品单位和个人的行政责任和刑事责任做出规定：“未取得《药品生产许可证》、《药品经营许可证》或者《医疗机构制剂许可证》生产药品、经营药品的，依法予以取缔，没收违法生产、销售的药

品和违法所得，并处违法生产、销售的药品（包括已售出的和未售出的药品）货值金额二倍以上五倍以下的罚款；构成犯罪的，依法追究刑事责任。”

根据《药品管理法》的规定，生产或经营药品，须依法办理药品生产许可证或药品经营许可证。否则，不得生产或经营药品。如果无证生产或经营药品，就是严重的违法行为，应分别受到行政处罚或刑事处罚。

二、生产、销售假药

《药品管理法》对生产、销售假药行为做出处罚规定：“生产、销售假药的，没收违法生产、销售的药品和违法所得，并处违法生产、销售药品货值金额二倍以上五倍以下的罚款；有药品批准证明文件的予以撤销，并责令停产、停业整顿；情节严重的，吊销《药品生产许可证》、《药品经营许可证》或者《医疗机构制剂许可证》；构成犯罪的，依法追究刑事责任。”

三、损害赔偿

药品生产企业、经营企业、医疗机构违反规定，给药品使用者造成损害应承担民事赔偿责任。《药品管理法》第九十三条规定：“药品的生产企业、经营企业、医疗机构违反《药品管理法》规定，给药品使用者造成损害的，依法承担赔偿责任。”

同时，违反有关药品广告、药品价格的管理规定，给药品使用者造成损害的，药品的生产企业、经营企业、医疗机构也要承担相应的民事赔偿责任。《药品管理法》第六十三条明确规定：“药品价格和广告，本法未规定的，适用《中华人民共和国价格法》、《中华人民共和国广告法》的规定。”而《价格法》第四十一条规定：“经营者因价格违法行为致使消费者或者其他经营者多付价款的，应当退还多付部分；造成损害的，应当依法承担赔偿责任。”《广告法》第三十八条规定：“违法发布虚假广告，欺骗和误导消费者，使购买商品或者接受服务的消费者的合法权益受到损害的，由广告主依法承担民事责任；广告经营者、广告发布者明知或者应知广告虚假仍设计、制作、发布的，应当依法承担连带责任。”

四、执法部门违法

《药品管理法》对执法部门及执法人员的违法行为规定了相应的法律责任。第九十六条规定：“药品监督管理部门或者其设置、确定的药品检验机构在药品监督检验中违法收取检验费用的，由政府有关部门责令退还，对直接负责的主管人员和其他直接责任人员依法给予行政处分。对违法收取检验费用情节严重的药品检验机构，撤销其检验资格。”第九十九条规定：“药品监督管理人员滥用职权、徇私舞弊、玩忽职守，构成犯罪的，依法追究刑事责任；尚不构成犯罪的，依法给予行政处分。”

（1）依照《药品管理法》的规定，药品监督管理部门根据监督检查的需要，可以对药品质量进行抽查检验。“抽查检验应当按照规定抽样，并不得收取任何费用。所需费用按照国务院规定列支。”药品监督管理部门设置或者确定的药品检验机构根据药品监督管理部门下达的监督检验任务对药品进行检验，所需检验费应由下达监督检验任务的药品监督管理部门支付，而不能以任何名义向被检查者收取检验费用。药品监督管理部门或者其设置、确定的药品检验机构在药品的监督检验中违法收取检验费用的，应依据本条的规定承担相应的法律责任。

药品监督管理部门或者其设置、确定的药品检验机构在药品的监督检验中违法收取检验费用的，首先应由政府有关部门依法责令退还。这里所说的政府有关部门主要是指上一级的药品监督管理部门或者行政监察部门，也包括设置或确定该药品检验机构的药品监督管理部门。此外，还应对其直接负责的主管人员和其他直接责任人员依法给予行政处分。药品监督管理部门设置或者确定的药品检验机构在药品监督检验中违法收取检验费用情节严重的，如违法收费次数较多，数额较大，影响恶劣的，行政处罚机关还可以撤销其检验资格，不允许其继续承担药品审批和药品质量监督检查所需的药品检验工作。

（2）《药品管理法》中所提到的药品监督管理人员，主要是指各级药品监督管理部门中负责药品监督管理工作的人员。这些人员是代表国家行使药品监督管理职权的行政执法人员。《宪法》规定："中华人民共和国实行依法治国，建设社会主义法治国家"。药品监督管理人员必须依法行政，秉公执法、忠于职守。"滥用职权、徇私舞弊、玩忽职守"，属于执法犯法。这同《宪法》的要求相悖离，同药品监督管理人员的性质相悖离，其影响和危害十分严重。对此，必须依法惩处。

（3）药品监督管理人员滥用职权，是指药品监督管理人员违反法律规定行使职权的行为。比如，对于不符合本法第八条规定的开办药品生产企业的条件、不符合国家制定的药品行业发展规划和产业政策等要求的开办药品生产企业的申请，本不应批准和发给《药品生产许可证》，药品监督管理人员却违法批准并发给《药品生产许可证》的，就属于滥用职权的行为。反之，对符合本法第八条规定的开办药品生产企业的条件、符合国家制定的药品行业发展规划和产业政策等要求的开办药品生产企业的申请，应当予以批准并发给《药品生产许可证》，药品监督管理人员无正当理由故意刁难，不予批准和发给《药品生产许可证》的，也属于滥用职权的行为。

(4) 药品监督管理人员徇私舞弊的行为，是指在药品监督管理工作中为了私情或者谋取私利，故意违反事实或者法律规定做出枉法处理、枉法决定的行为。比如，对生产、销售假药的行为，药品监督管理人员应当依照本法第七十三条的规定，给予没收违法生产、销售的药品和违法所得，并处违法生产、销售药品货值金额2倍以上5倍以下的罚款，撤销药品批准证明文件，并责令其停产、停业整顿的行政处罚，对情节严重的，还应吊销其《药品生产许可证》、《药品经营许可证》或者《医疗机构制剂许可证》。如果药品监督管理人员接受了生产、销售假药者的贿赂，而不给予处罚的，或者因为违法者是自己的同乡、朋友，而擅自减轻依法应给予的处罚的，就属于徇私舞弊的行为。

(5) 药品监督管理人员玩忽职守的行为，包括药品监督管理人员不履行法律、行政法规规定其应当履行的职责，即职务上的不作为行为，也包括药品监督管理人员在履行职责时不尽职、不认真，对本职工作马马虎虎，漫不经心的行为。比如，药品监督管理人员接到有关生产、销售假药的举报，却不进行调查处理，听之任之，致使生产、销售假药的行为得不到及时查处的，就属于玩忽职守的行为。又如，负责新药审批的药品监督管理人员在新药审批中马马虎虎，不按规定认真进行审查，就发给新药证书和药品批准文号，导致危害后果的，也属于玩忽职守的行为。

（6）药品监督管理人员滥用职权、玩忽职守、徇私舞弊，构成犯罪的，应依法追究刑事责任。依照《刑法》的有关规定，构成此罪必须具备以卜条件：一是构成本罪的主体必须是国家机关的工作人员，在这里即是指药品监督管理部门的国家机关工作人员。二是滥用职权和玩忽职守的行为只有致使公共财产、国家和人民利益遭受重大损失的，才能构成犯罪。

药品监督管理人员滥用职权、徇私舞弊、玩忽职守的行为，符合《刑法》关于滥用职权、玩忽职守犯罪构成要件的，依据《刑法》和《刑事诉讼法》的有关规定追究其刑事责任。《刑法》第三百九十七条规定："国家机关工作人员滥用职权或者玩忽职守，致使公共财产、国家和人民利益遭受重大损失的，处三年以下有期徒刑或者拘役；情节特别严重的，处三年以上七年以下有期徒刑。本法另有规定的，依照规定。"《刑法》第四百一十四条规定："对生产、销售伪劣商品犯罪行为负有追究责任的国家机关工作人员，徇私舞弊，不履行法律规定的追究职责，情节严重的，处五年以下有期徒刑或者拘役。"

（7）药品监督管理人员有滥用职权、徇私舞弊、玩忽职守行为之一，但情节轻微，不符合《刑法》所规定的犯罪构成的，由所在单位、上级单位或者政府监察部门，依据法律、行政法规的规定，给予警告、记过、降级、降职、撤职或者开除的行政处分。

第三节　维护自己的权益

目前，农村药品市场主要存在以下几个方面问题。

一、药品供销渠道混乱

一些乡（镇）卫生院、个体诊所、药店、村卫生室受利益的驱动，在采购药品时只问价格不看质量，从而使一些贩卖伪劣药品的游医药贩有空子可钻。农村成了过期失效药品、假冒伪劣药品的集散之地。另一方面，一些保健品商店、小型超市等农村零售商业超范围经营药品。不少保健品商店、小型超市以经营保健品、食品为名，暗地里经营医药商品和医疗器械。药品购销无记录，药品来源和去向无法查核，供应、销售的渠道十分混乱。

二、药品质量低劣

近几年，城市药品监管力度明显加强，市场规范化经营明显好转。一些无证药贩在城市无法经营，只能把目标转向农村。他们以种种手段抢占农村医药市场。凭借各种社会关系网，将过期失效、假冒伪劣药品、未通过 GMP 认证企业生产的不合格的医疗器械如一次性输液器等，销往农村地区。造成广大农村地区药品质量严重下跌，不合格药品随处可见。据有些地区对农村基层药店、诊所、卫生室抽检，药品不合格率竟高达 70%。村卫生室药品质量如何，直接关系到农民用药的安全有效。近年来，村卫生室时有假劣药品出现。主要原因是一些不法分子将假劣药品悄悄销往农村，他们利用基层人员不懂识别知识、信息不灵以及贪图便宜等特点，屡屡销售成功。使农村群众深受假劣药品坑害。国家食品药品监督管理局的一项调查表明："80%的人口在农村，80%的药品制假售假案件发生在农村，80%的不合格药品在农村销售。"

三、药品价格混乱

农村医药市场由于价格信息闭塞，价格方面又无有效的管理机制，市场价格十分混乱。药品价格靠高不靠低、看涨不看降。加上进货渠道的不同，往往同一生产厂家所生产的同一品种、同一规格的药品在同一乡（镇）药品零售店之间、村与村卫生室之间、乡（镇）卫生院和零售药店之间价格往往都不一致。消费者往往因此而无所适从。特别是一些抗生素药，价格出现成倍的差别。

四、药品管理松弛

由于农村市场面积宽广，村落分散，基层药品监督管理和执法力量十分薄弱等客观原因，造成目前农村许多地区药品生产经营的监督管理松弛，特别是在农村的偏远地区药品监管几乎成为空白。

面对农村药品市场存在的严重问题，农民必须要有一个清醒的认识，要懂得如何维护自己的权益不受侵害，切实保证服药安全和身体健康。首先，要学习和了解《药品管理法》等有关法律、法规，学会用法律的武器来维护自己的健康权益。《药品管理法》中的很多条款都是与我们的药品消费密切相关的，对于保护我们的权益非常重要，一定要了解和掌握。依法维护自己的权益包括三个方面：

（1）坚决抵制非法的药品经销活动，从正规的渠道购买药品，远离无证药品商贩。有病买药一定要到正规医院看病开药。

(2) 对药品生产经营中的违法行为坚决举报，积极配合有关部门对违法行为进行查处。比如，发现制售假劣药品的行为、发现药品价格的违法行为以及发现医疗机构或药店的过期药品等，要及时向当地的药品监督管理部门举报。

(3) 对假劣药品给自己带来的损害依法进行投诉或要求赔偿。

此外，农民一定要有自我健康保护意识，要多掌握一些医药知识，多了解一些用药信息。药品是特殊商品，关系到人的生命安全。因此，购买或服用药品一定要谨慎，不能图一时便宜而上当受骗，也不能轻信街头的一些小广告而盲目服药。

案例与问题解答

1. 贩卖假药，牟取暴利

张庆印系山东费县农民，从 2002 年起到山东临沂做中草药生意。2003 年 8 月中旬，他了解到某镇卫生院需进一批羟氨苄青霉素胶囊和先锋霉素五号胶囊，便与该院药品采购员刘某私下谈妥这两种药品的数量和价格。当时，张庆印喜不自禁，因为他清楚若用假药，这一次即可净赚 6000 元。当天夜里，张庆印就买来假药送往该镇卫生院。由于群众举报该镇卫生院药品质量有问题，县药监部门执法人员迅速赶到，并对该院现存药品进行了全面检查，对可疑的药品实施暂控处理，同时抽取检品送药品检验所分析鉴定。药品检验报告结果，均为假药。不久后，当张庆印到该卫生院收取药款时，当即被该院负责人扭送到县公安局。县人民法院开庭审理后，根据《药品管理法》及《刑法》的有关规定，以销售假药罪，判处其有期徒刑6个月，罚金5000元。

分析：生产、销售假药危害人民健康，扰乱药品市场，是一种严重的违法犯罪行为。《药品管理法》中作了明确规定。同时，《刑法》第一百四十一条规定："生产、销售假药，足以严重危害人体健康的，处三年以下有期徒刑或者拘役，并处或者单处销售金额百分之五十以上二倍以下罚金；对人体健康造成严重危害的，处三年以上十年以下有期徒刑，并处销售金额百分之五十以上二倍以下罚金；致人死亡或者对人体健康造成特别严重危害的，处十年以上有期徒刑、无期徒刑或者死刑，并处销售金额百分之五十以上二倍以下罚金或者没收财产。"本案中张庆印目无国法，明知假药予以销售，其行为足以危害人体健康，侵犯了国家药品管理秩序，已构成销售假药罪。

2. 贩卖假药，剥夺销售资格

2004年1月至4月，北京市某区医药药材总公司聘任的兼职业务员楚文国从安徽省亳州药材批发市场购入假药"复方芦荟胶囊"101箱，共20200瓶，价值68680元，分别销售给北京市朝阳、宣武、崇文、大兴等区县的药品经营单位，这些单位又把假药销售给几十家医疗机构，其中流入消费者手中的有8011瓶，给消费者造成了人身伤害和经济损失。经过调查核实，这些假药之所以能流入北京市场，是因为某区医药药材总公司违反了《药品管理法》及北京市的有关规定，没有对批量进货的外地进京药品报检，而且允许业务员擅自使用公司帐号和票据。在进货渠道上也不规范，缺乏严格的审批手续。北京市纠正医药购销中不正之风办公室作出决定，对某区医药药材总公司销售假劣药品的行为，在全市通报批评，并责令其停业整顿，由市药品监督管理局按有关标准严格验收后，重新换发经营许可证。对其他销售假"复方芦荟胶囊"的药品批发单位也做出了处理。购售假药的业务员楚文国被朝阳工商行政管理局处以4万元罚款，并取消其在本市做医药代表的资格，任何医药经营单位不得再聘用。

分析：与上一案例一样，本案中的业务员楚文国故意购入假药并销售，违反了《药品管理法》关于禁止生产、销售假药的规定。另外，《药品管理法》第十七条规定:"药品经营企业购进药品，必须建立并执行进货检查验收制度，验明药品合格证明和其他标识；不符合规定要求的，不得购进。"楚文国所在的药材总公司未认真地执行这一规定，也受到了相应的处理。

本讲引用的法律、法规和政策

1.《中华人民共和国宪法》

（1982 年 12 月 4 日第五届全国人民代表大会第五次会议通过，1982 年 12 月 4 日公布施行。1988 年、1993 年、1999 年、2004 年修正）

2.《中华人民共和国刑法》

（1979 年 7 月 1 日第五届全国人民代表大会第二次会议通过，1997 年 3 月 14 日第八届全国人民代表大会第五次会议修订，自 1997 年 10 月 1 日起施行）

3.《中华人民共和国药品管理法》

（1984 年 9 月 20 日第六届全国人民代表大会常务委员会第七次会议通过，2001 年修订，2001 年 12 月 1 日施行）

4.《中华人民共和国价格法》

（1997 年 12 月 29 日第八届全国人民代表大会常务委员会第二十九次会议通过，1998 年 5 月 1 日施行）

5.《中华人民共和国广告法》

（1994 年 10 月 27 日第八届全国人民代表大会常务委员会第十次会议通过，1995 年 2 月 1 日施行）

6.《放射性药品管理办法》

（1989 年 1 月 13 日国务院令第 25 号发布实施）

7.《中药品种保护条例》

（1992 年 10 月 14 日国务院令第 106 号发布，1993 年 1 月 1 日施行）

8.《麻醉药品管理办法》

（1987 年 11 月 28 日国务院国发［1987］103 号发布实施）

9.《精神药品管理办法》

（1988 年 12 月 27 日国务院令第 24 号发布）

10.《医疗用毒性药品管理办法》

（1988 年 12 月 27 日国务院令第 23 号发布）

11.《药品经营质量管理规范》

（2000 年 4 月 30 日国家药品监督管理局令第 20 号发布，2000 年 7 月 1 日施行）

第四讲　医疗纠纷与医疗事故

第一节　医疗事故处理的法律适用

一、依据法律处理医疗事故争议

医疗事故横跨医学与法学两个领域。发生了医疗事故或者医疗纠纷，医患双方尤其是患方一般要讨个“说法”，也就是哪些法律可以作为维护自身合法权益的依据。事实上，医疗事故处理与民法、行政法、刑法等都有密切的关系。

1. 民法的适用

医疗机构（法人）和患者（自然人）是地位平等的民事主体，医患关系从本质上来说是一种民事法律关系。医疗纠纷的法律属性是民事纠纷中的一种，处理医疗事故离不开民法所规定的一些重要原则，特别是规定医疗事故的赔偿更要依据民法。

医患双方当事人在人民法院通过民事诉讼，解决医疗事故或者医疗纠纷是重要的途径之一，也是解决问题的最终途径。但目前我国的《民法通则》中没有关于医疗损害责任的具体规定。因此，在司法实践中，法官的自由裁量权较大，掌握起来有时会偏宽或偏严。同时诉讼成本较高，耗时也较多。因此，当事人如果想通过民事诉讼解决医患纠纷，要做好一定的思想准备，因为这不一定是最佳的首选方式。

2. 医疗事故处理也属于行政法管辖的范围

医疗事故是由“医疗”和“事故”组合而成，“事故处理”本身含有行政管理的意味。行政是对国家事物与公共事物的管理活动。当前世界各国政府已不是以消极维持社会秩序为已任，而是主动调整各种经济矛盾和社会矛盾，积极促进社会发展和增进人民福利。

医疗卫生事业不仅涉及每个公民的健康权益，更关系到国民健康素质，是社会公益事业，世界上绝大多数国家都对医疗卫生实行严格的执业许可和行业准入制度。医疗事故处理就是医政管理内容之一。《医疗事故处理条例》（以下简称《条例》）是国务院制定的一部行政法规。内容主要是规范医疗机构和医务人员行为，造成医疗事故的，责成医疗机构赔偿受损害者，达到惩戒违反医疗规章制度行为、维护医疗秩序的目的。同时，按照法制统一的要求，《条例》的有些规定是依据民法作出的，这样使医疗事故与医疗纠纷的行政处理与民事诉讼较好地衔接起来。

3. 《消费者权益保护法》的适用

近年来，医疗事故和医疗纠纷已成为消费者投诉的热点。《消费者权益保护法》（以下简称《消法》）是否适用医疗事故的处理存在很大的争议。特别是对患者是不是弱者，医疗是不是消费，见仁见智，议论纷纷。从理论上讲，依照《消法》保护弱者的法律精神，处理医疗事故没有原则错误。但在全国人民代表大会对“患者是否是消费者”的问题未做法律解释之前，不宜简单地凭据《消法》处理医疗事故，应依据医疗事故处理的专用法规。原因有两点：

（1）患者不是完整意义的“消费者”，医患之间不同于一般的契约关系，在危、急、重病人就诊时，医院没有推诿、拒绝的权利，只有全力抢救的义务，医患双方自由选择的余地都很小。并且医疗服务的价格尚低于完全性成本，患者（含自费医疗的患者）在医疗时仍享有不同程度的福利待遇，“消费”的含义是打折扣的。

（2）我国多数医疗机构目前尚不是以营利为目的的“经营者”。在中共中央、国务院《关于卫生改革与发展的决定》中明确，卫生事业性质是“政府实行一定福利政策的社会公益事业”。政府尚给医疗机构一定的财政支持，医疗机构仍承担医疗福利的分配任务，医疗机构还不是纯粹的“经营者”。因此，应具体问题具体分析。在医疗纠纷中，如果属于医疗价格争议、使用假药、侵犯病人的知情同意权等非医疗技术方面的纠纷，可以适用《消法》等法律、法规。

4.《刑法》的适用

1997 年 3 月修订的《刑法》第六章“妨害社会管理秩序罪”中规范了惩治医疗事故犯罪问题，即“重大医疗事故责任罪”。《刑法》第三百三十五条规定:“医务人员由于严重不负责任，造成就诊人死亡或者严重损害就诊人身体健康的，处三年以下有期徒刑或者拘役。”但如何区分医疗过失的罪与非罪问题是不容易的。在诊疗中因医疗意外、医疗差错、医疗事故均可造成患者的死亡，但其性质却完全不同。如因医疗意外造成患者死亡，医疗机构和医务人员无需承担任何法律责任，而重大医疗事故即使未造成患者死亡，也可能被判刑。

二、医疗事故的行政处理

1. 卫生行政部门的主要责任

（1）调查事件的事实。一旦有人提出医疗事故的争议，即应进行调查，取得医疗事故处理的真实证据。

（2）认定医疗事故的责任。查明事故原因后，根据医务人员在诊疗中的过失行为与医疗事故之间的因果关系，认定责任的大小。

（3）处罚医疗事故的责任单位或责任人。对出现医疗事故但尚未构成医疗事故罪的责任人按有关的《执业医师法》、《护士管理办法》等法律、法规、部门规章予以行政处分和行政处罚。构成犯罪的，移交司法机关追究其刑事责任。

（4）对损害的赔偿进行调节。卫生行政部门可以第三者身份参与医疗纠纷的调节，促成医患双方在澄清事实、分清责任的基础上按照民法的有关规定达成和解协议。这有利于尽快结案，方便当事人，在自愿的基础上保障双方的合法权益。

2. 申请医疗事故处理的途径

医疗事故发生后，医患双方可以通过三种途径解决争议：

（1）双方自行协商解决。

（2）向卫生行政部门提出处理申请。

（3）向人民法院提起诉讼。

卫生行政部门对医疗事故争议的行政处理内容包括：对医疗事故争议的调查，判定是否属于医疗事故，不能判定的交医学会组织鉴定，责令医疗机构调查核实上报有关情况，对医患双方的赔偿争议进行调解，对确定发生医疗事故的医疗机构和医务人员进行行政处罚。

向卫生行政部门提出处理申请的当事人应提出书面申请。申请书应载明申请人的基本情况、有关事实、具体请求及其理由等。

同时，《医疗事故处理条例》还规定当事人向卫生行政部门提请医疗事故处理的时效为一年。即“诉讼时效期间从知道或者应当知道权利被侵害时起计算。”这与《民法通则》第一百三十六条、第一百三十七条的有关规定相一致。一般来说，患者在诊治后，若有超出医学许可程度的器官伤残和功能障碍，在一年时间内是可以发现的。因此，患者怀疑发生了医疗事故，应尽早与有关的医疗机构或卫生行政部门联系。

三、依据《医疗事故处理条例》处理医疗争议

《医疗事故处理条例》（以下简称《条例》）是于2002年4月4日以国务院令第351号公布，2002年9月1日正式实施的。该《条例》的立法宗旨在于保护人民群众的生命健康权益，最大限度地减少医疗事故的发生，医疗事故发生后应当及时采取补救措施，妥善处理。条例突出了预防为主，明确规定了医疗机构的责任；明确了医疗事故争议的解决途径及具体程序；明确了医疗事故鉴定的内容、程序、格式和机构、人员的组织等；明确了医疗事故的赔偿原则、赔偿标准和计算方法；明确了卫生行政部门的职责、行为规范和违反条例规定行为的法律责任等方面的内容。

患者如果在疾病诊疗过程中，身体受到损害，一定要拿起法律的武器，维护自己的权益，追究有关方面的责任，首

先应搞清楚以下几个问题：

1. 构成医疗事故的内容

《医疗事故处理条例》第二条规定“本条例所称医疗事故，是指医疗机构及其医务人员在医疗活动中，违反医疗卫生管理法律、行政法规、部门规章和诊疗护理规范、常规，过失造成患者人身损害的事故。”这个概念表明构成医疗事故至少要包括四项内容：

（1）事故的责任主体是医疗机构及其医务人员。这里所说的“医疗机构”是指按照国家《医疗机构管理条例》取得《医疗机构执业许可证》的机构；这里所说的“医务人员”是指依据《执业医师法》等法律文件取得执业资格的医疗卫生专业技术人员，如医师和护士等，并且医疗事故发生的场所应在他们所执业的医疗机构内。

非法行医造成患者身体受到损害不属医疗事故处理的范围。患者由于相信非法行医者的胡乱吹嘘，图便宜或者图方便让他们给自己治病，导致各种难以挽回的人身损害后又得不到赔偿的例子层出不穷。非法行医者对患者生命健康漠不关心，唯利是图，其行为在主观上存在伤害的“故意”，性质恶劣。因此，根据国家《执业医师法》等法律，不管是否发生医疗事故，都属坚决取缔的范畴，发生事故处罚的力度更强。如《刑法》对非法行医罪的处罚比医疗事故的处罚要重得多。《刑法》第三百三十五条规定：“未取得医生执业资格的人非法行医，情节严重的，处三年以下有期徒刑、拘役或者管制，并处或者单处罚金；严重损害就诊人身体健康的，处三年以上十年以下有期徒刑，并处罚金；造成就诊人死亡的，处十年以上有期徒刑，并处罚金。”《医疗事故处理条例》第六十一条对这个问题进行了说明：“非法行医，造成患者人身损害，触犯刑律的，依法追究刑事责任；有关赔偿，由受害人直接向人民法院提起诉讼。”由于非法行医很难成规模，往往没有固定的诊疗地点，给患者造成损害后，赔偿能力又很低，有时甚至找不到责任人。因此，患者就诊时必须高度警惕非法行医者，看病应去正规的医疗机构。

(2) 医疗机构及其医务人员的行为具有违法性。也就是说他们违反了国家规定的“医疗卫生管理法律、行政法规、部门规章和诊疗护理规范、常规”。特别是医疗机构、医疗行为的管理规章、诊疗护理规范、常规必须要严格遵守，这些都是在总结无数医学临床教训的基础上形成的，医疗机构及其医务人员违反了这些规范，早晚必然会出事故。

(3) 医疗过失造成患者的人身损害。医疗事故的形成往往是医务人员对工作不负责任、未能掌握基本医疗技能或过于自信。因此，发生医疗事故的主因是职业过失。过失可分为疏忽大意的过失和过于自信的过失，这两种情况在医疗事故中都是常见的。无论是哪种过失，损害后果是否存在是判定医疗事故的关键。

(4) 医疗机构及其医务人员的行为与患者人身损害后果之间存在因果关系。也就是说，虽然医疗机构及其医务人员存在过失行为，但未给患者造成损害后果的，还不能视为发生了医疗事故；或患者存在人身损害的后果，但医疗机构及其医务人员并没有过失行为，也不能判定发生了医疗事故。

2. 不属于医疗事故的情况

患者或家属若对诊疗效果不满意、怀疑是医疗事故并准备提出医疗事故鉴定或诉讼前，应对不属于医疗事故的有所了解。《医疗事故处理条例》第三十三条规定“有下列情形之一的，不属于医疗事故：

（1）在紧急情况下为抢救垂危患者生命而采取紧急医学措施造成不良后果的。

（2）在医疗活动中由于患者病情异常或者患者体质特殊而发生医疗意外的。

（3）在现有医学科学技术条件下，发生无法预料或者不能防范的不良后果的。

（4）无过错输血感染造成不良后果的。

（5）因患方原因延误诊疗导致不良后果的。

（6）因不可抗力造成后果的。

国家做出这六条规定是由两个因素决定的：

（1）由于目前世界医学科技发展水平及人类对疾病的认识程度有限，现有的诊疗技术还不能保证每个病人都能被确诊，都能治好。从 20 世纪 50 年代至今，我国医院总体误诊率在 30% 左右，与国外相差不大。

（2）医疗失误往往是各种复合性因素所致，除医疗机构和医务人员的水平等因素外，患者的年龄、原有疾病状况、身体素质等因素也都对疾病的发生、发展及转归有很大的影响。

按照《民事诉讼法》的有关规定，当事人在提起民事侵权诉讼、追究民事侵权责任时，对方若能提出合理的抗辩事由（抗辩事由是指在民事诉讼中，被告针对原告所提出的诉讼请求，提出的对方当事人之诉讼请求不成立或不完全成立的事实），就可以免责或部分免责。

但是，抗辩事由必须是客观的。民法规定的抗辩事由主要有：依法执行的职务行为、正当防卫、紧急避险、自助行为、受害人同意、不可抗力、意外事件、受害人或第三人的过错等。如果抗辩事由不成立，被告就应依法承担侵权责任。

所谓“医疗意外”，是指由于病情或病人体质特殊而发生难以预料和防范的不良后果的。也就是说，医务人员的行为不存在过失，突然发生的意外是医务人员和现代医学技术难以预见、防范和避免的。在疾病的诊疗过程中，常见的医疗意外有：医务人员虽然抢救及时、诊治措施得当或手术操作无误，但患者仍死亡或遗留严重的后遗症；疾病的诊断及手术适应症明确，操作无误而在术中或术后发生呼吸、循环骤停或其他脏器出现功能衰竭等不良后果；在疾病诊治前或诊治后发现病人为特异体质而出现意外，但目前医学又难以解决所发生的不良后果等。

“不可抗力”主要有两种情况：

（1）指病人患危重病症和疑难病症，如癌症晚期、肝硬化、尿毒症等重症，医务人员本着人道主义精神，利用各种医疗技术进行挽救但最终无力回天，这是疾病的自然转归，是现代医学能预见而无法治愈或避免不良后果的。

（2）病人在诊疗后发生了后遗症，而这种后遗症的发生是现代医学所能预见但却无法避免和防范其不良后果的，这种后遗症往往发生在原有疾病的基础上。

对这些并发症，医务人员在诊治前一般会向病人或其家属说明，使其对可能发生的不良后果有一定的心理准备，并应事前及时、充分地征求患者对诊治方案的意见。

“因患方原因延误诊疗导致不良后果的”，是由于有些患者出于某种动机，未真实反映病史和病状，不接受医务人员的合理诊疗措施，不按医嘱服药或私自服药，术后过早进餐或者私自外出、做一些病情不允许的活动的。

此外，在许多医学科研、教学中常使用经国家有关部门正式批准用于临床试验的药物、试剂、治疗仪器等在病人身上试用，试用必须遵循“人类试验必须是自愿的”这一原则，按照试验的有关规定程序进行。若患者同意，并签定协议书后对患者实施实验性诊疗发生不良后果的，不属医疗事故。

在治疗中因使用药品（必须是合格药品）出现不良反映也不属于医疗事故。俗话说“是药三分毒”，药品或多或少都会有一些毒、副作用。药品出现不良反应的原因十分复杂，有的是由于人的个体差异，对某种药物高度敏感；有的是由于环境中存在的某种物理、化学因素可能与药物发生相互作用。特别是由于受医药科技发展的限制，任何一种新药问世都不能保证绝对安全，新药问世前，虽然要经过多年的各种试验和临床试用，但毕竟没有经过长期的实践检验，需要通过大量的临床使用去观察、分析和判断，之后由国家有关部门决定对有不良反应的药品采取停止生产、销售、使用，或者修改药品说明书、限制药品的使用人群、将非处方药改为处方药等措施予以控制。

3. 误诊与医疗事故没有必然的联系

误诊是否属于医疗事故，不能一概而论，要具体问题具体分析。

误诊现象在临床上较为普遍，据有关资料显示，国外医学界临床误诊率在30%左右，并且误诊并不随诊疗手段的更新而减少。这是由于人类目前对于自身奥秘的认识还没有能够完全脱离蒙昧状态进入“自由王国”。同时，由于人体的差异和疾病的复杂性，同一种疾病在不同患者身上的表现千差万别。许多疾病早期的症状相类似，到病情发展到一定阶段，各种疾病的特殊症状和体征才表现出来。因此，误诊现象是难以完全避免的客观存在。

误诊虽然难以避免，但医生应兢兢业业尽量减少误诊，不要自我放任。医疗规范中有“未能明确诊断或治疗效果不佳应病例讨论”的要求。目前一些经治医生服务态度恶劣、不认真问诊和检查病人，忽略患者的重要体征和疾病史，有章不循，不请示不报告，不会诊不讨论，缺乏根据的盲目诊断或主观臆断，导致无效治疗、错误手术等严重伤害患者身体，属于不负责任的误诊，则难辞其咎，必然要承担相应的法律责任。

4. 医疗事故的分级

俗话说：“人命关天”。医疗事故的分级，涉及卫生行政部门对医疗事故的行政处理和监督，更涉及对患者的赔偿。医疗事故的合理分级是公正、公平处理医疗事故的关键。

医疗事故的分级问题有两点需要注意：

（1）医疗事故损害的是人体，损害后果可能是死亡、残疾或功能障碍。这些损害都是客观存在的，可以通过检查、检测确定。

（2）医疗事故的等级划分是依据医疗过失行为对患者人身损害程度判定的。但是分级未直接判定医务人员行为在医疗事故中的责任程度，对这一问题，在“医疗事故的鉴定和赔偿”中第三十一条、第四十九条另有规定。

《医疗事故处理条例》第四条规定：根据对患者人身造成的损害程度，医疗事故分为四级：

一级医疗事故：造成患者死亡、重度残疾的。

二级医疗事故：造成患者中度残疾、器官组织损伤导致严重功能障碍的。

三级医疗事故：造成患者轻度残疾、器官组织损伤导致一般功能障碍的。

四级医疗事故：造成患者明显人身损害的其他后果的。

2002 年 7 月 31 日，卫生部发布了《医疗事故分级标准（试行）》，同年 9 月 1 日起实施。

5. 医疗事故的责任主体

《医疗事故处理条例》明确规定，医疗事故的责任主体是医疗机构及其医务人员。原来的医疗事故处理办法规定责任主体只是医务人员，而没有医疗机构。这样谁是医疗事故争议的民事责任承担者没有讲清楚。根据我国法律和《民法通则》，用人单位要对聘用的工作人员职务行为承担民事责任。雇员因工作失误给他人造成损失，一切法律后果首先由用人单位承担。这样规定不仅是因为用人单位对其雇员的聘用和职务行为负有直接责任，而且应监督其雇员的行为，避免损害公民的合法权益。因此，医生本人无权代表医疗机构与患者“私了”，医疗机构要有专人负责。

第二节　医疗事故的技术鉴定

医疗事故技术鉴定是鉴定专家向鉴定的委托人提供鉴定结论的一种技术服务。技术鉴定是根据证据学原理，司法机关、卫生行政部门或双方当事人为确定某医疗行为是否存在过失以及因过失使被治疗者死亡、残废、组织器官损伤、合并功能障碍的有无因果关系，该行为是否构成医疗事故或差错等医疗专业问题，委托有丰富经验的医学专家对上述问题进行分析、判断，并向委托机构或委托人提供专家证言的过程。技术鉴定本身不是行政行为，也不属于检察和审判职权范畴。但医疗事故技术鉴定要对法庭、政府部门和双方当事人负责，鉴定的内容和程序都必须合法、科学和公正。

一、申请医疗事故技术鉴定

1. 协商解决医疗事故

有些医疗事故事实清楚，无需经过专家技术鉴定，平常人根据常识即可作出正确判断，或者情节简单、不涉及判定残疾程度和医疗行为在损害后果中责任程度的情况下，医患双方没有必要花费钱财、时间和精力去申请技术鉴定，可以直接通过协商或者请卫生行政部门进行调解，解决医疗事故赔偿的争议。协商或调解后意见分歧仍较大的才需要申请技术鉴定。

2. 负责医疗事故技术鉴定的机构

《医疗事故处理条例》第二十条、第二十一条、第二十四条规定，医疗事故技术鉴定工作由医学会负责组织实施。医学会是依法成立并登记的医学社会团体，由中国公民中的医学科技人员自愿组成，并按照其章程开展活动的非营利性医学社会组织。它具备法人条件，有规范的名称和组织机构、经费来源，固定的工作场所，有独立承担民事责任的能力。

首次医疗事故技术鉴定由当地设区的市级地方医学会和省、自治区、直辖市直接管辖的地方医学会负责组织；如果需要再次鉴定，可以找当地省、自治区、直辖市地方医学会。

这里需要说明的是，根据证据学原理，技术鉴定是对客观事物的认定，鉴定结论只有正确或不正确之分。市里或省里组织的医学会鉴定不存在下级的鉴定结论必须服从上级的鉴定结论问题，只有一次与再次鉴定之分。但是不可否认，由于大城市的专家比较集中，人数多，分科细，专业水平较高，并且经验相对丰富，其鉴定结论的学术权威性可能要高一些。

3. 申请医疗事故技术鉴定的方式

《条例》第二十条规定："卫生行政部门接到医疗机构关于重大医疗过失行为的报告或者医疗事故争议当事人要求处理医疗事故争议的申请后，对需要进行医疗事故技术鉴定的，应当交由负责医疗事故技术鉴定工作的医学会组织鉴定；医患双方协商解决医疗事故争议，需要进行医疗事故技术鉴定的，由双方当事人共同委托负责医疗事故技术鉴定工作的医学会组织鉴定。"这就是说，医疗事故技术鉴定有三种启动方式：

（1）由医患双方认为需要共同委托医学会进行鉴定的，双方当事人应共同到医学会医疗事故技术鉴定办公室办理共同委托鉴定的手续。医学会不能直接受理单方面委托的医疗事故技术鉴定。这是因为医学会的性质是学术性社会团体，不具有行政管理职能。如果医疗事故争议的一方向医学会申请鉴定，而另一方拒绝提供与鉴定有关的资料、实物，医学会将无法工作。因此，医学会受理医疗事故争议的技术鉴定必须是有关卫生行政部门移交的，或医患双方共同委托的。

（2）由卫生行政部门移交进行鉴定。根据国家的有关规定，卫生行政部门有监督管理医疗服务质量的职责，卫生行政部门可以依据鉴定结论对存在医疗过失的医疗机构及医务人员进行处理，达到预防医疗事故的目的。因此，基层卫生行政部门经审查发现某医疗事故争议涉及患者死亡或者可能构成二级以上医疗事故的，应及时上报市卫生局，由市卫生局转交医学会进行鉴定。

若一方当事人坚持要求鉴定的，可以到当地卫生局的医政科申请医疗事故技术鉴定，经卫生局审查认为需要鉴定的，由卫生局转交医学会进行鉴定。

（3）医患双方当事人中的任何一方若想通过诉讼解决争议，可以直接向人民法院提起民事诉讼，人民法院根据案件的需要，可委托医学会医疗事故技术鉴定办公室组织鉴定。

二、医疗事故鉴定前患者方需要了解的事项

1. 选择适合的医疗事故技术鉴定专家

《条例》第二十三条规定，负责组织医疗事故技术鉴定工作的各级医学会建立专家库。专家库由依法取得相应执业资格并具备良好业务素质、良好执业品德的高级医疗卫生专业技术人员和法医组成，专家库的组成不受行政区域限制，就是说，也可以聘请外地专家作为本地医学会专家库的成员。

专家库学科专业组的设置分为：内科（呼吸内科、消化内科、心血管内科、神经内科、血液内科、肾病学专业）、外科（普通外科、神经外科、泌尿外科、心胸外科、骨科）、妇产科（妇科、产科、计划生育专业）、儿科、小儿外科、眼科、耳鼻喉科、口腔科（口腔内科、口腔颌面外科、口腔正畸专业、口腔修复专业）、皮肤科（皮肤病专业、性传播疾病专业）、医疗美容科、精神科、传染科、肿瘤科、急诊医疗科、康复医疗科、麻醉科、医疗检验科、病理科、医学影像科、药学科、护理科、中医科、民族医学科、中西医结

合科、中医药和法医等。

按规定，医疗事故技术鉴定任务是在医学会的主持下，医患双方从专家库中随机抽取专家组成的专家组承担的。专家鉴定组的人数为单数，最少不能少于3位专家。并且涉及医疗事故鉴定“主要学科”的专家一般不得少于鉴定组成员的1/2；涉及死因、伤残等级鉴定的，应从专家库中随机抽取法医参加鉴定组。

技术鉴定实行合议制，也就是鉴定专家组在充分讨论的基础上，通过表决，以超过半数成员的意见为鉴定结论。未被选择进入鉴定组专家库的成员不具备独立鉴定的资格。

《条例》规定选择专家要采取医患双方对等原则，各随机抽取数量相同的专家。最后一名专家的抽取可由医患双方协商后由一方抽取，或共同委托医学会工作人员随机抽取。选择专家是医患双方的权利，但任何一方都可以放弃抽取的权利，由医学会代替他仍以随机抽取的方式选择专家。若非随机抽取的专家因回避因素或因专家本人的因素不能参加鉴定活动的，一方当事人不能排斥另一方随机抽取的专家参加鉴定组。

为了维护鉴定的公正性，《条例》第二十六条规定在三种情形下，专家应当回避，不宜参加专家鉴定组的鉴定工作：

（1）医疗事故争议当事人或者当事人的近亲属。医疗事故当事人系指医疗机构的员工，患者的近亲属包括其配偶、父母、子女、兄弟姐妹、祖父母、外祖父母、孙子女、外孙子女。

（2）与医疗事故争议有利害关系的。这是指鉴定结论可能会损害该专家的经济利益、学术地位、名誉声望以及参加过引发医疗事故争议医疗行为的会诊、医疗事故争议的前次鉴定者。

（3）与医疗事故争议当事人有其他关系，可能影响公正鉴定的。这是指上述两种关系以外的其他比较亲近的关系，如近亲属以外的其他亲属、邻居、师生、同学、战友、过去的同事等。第三种关系不是绝对不能参加鉴定组，关键是否“可能影响公正鉴定”的，这需要经具体分析和判定后，医患双方当事人表示认可。

2. 准备医疗事故技术鉴定材料

《条例》第二十八条规定，医学会在决定受理医疗事故技术鉴定申请的5日内，应通知医患双方当事人提交鉴定所需的材料。医患双方当事人应当在收到医学会的通知后10天内提交有关医疗事故技术鉴定的材料、书面陈述及答辩。

对于门诊、急诊病人，医疗机构建有病历档案的，病历资料由医疗机构提供；没有在医疗机构建立病历档案的，病历由患者提供；患者死亡的，由法定代理人提供，但急危患者的抢救病历资料除外。

对于住院病人，医疗机构应提交的材料包括：

（1）住院患者的病程记录、死亡病例讨论记录、疑难病例讨论记录、会诊意见、上级医师查房记录等病历资料原件。

（2）住院患者的住院志、体温单、医嘱单、化验单、医学影像检查资料、特殊检查同意书、手术同意书、手术及麻醉记录单、病理资料、护理记录等病历资料原件。

（3）抢救急危患者，在规定时间内补记的病历资料原件。

（4）封存保留的输液、注射用物品和血液、药物等实物，或者依法具有检验资格的检验机构对这些物品、实物作出的检验报告。

（5）与医疗事故技术鉴定有关的其他材料。

医疗机构无正当理由未如实提供相关材料，导致医疗事故技术鉴定无法进行的，应当承担相应的法律责任。

3. 病历的复印和使用

病历是患者接受医学检查、诊断、治疗、护理及疾病发生、发展和转诊全过程的原始记录，它客观、真实地反映了患者疾病状况和诊治结果。病历既是重要的医学档案，也是判定医疗事故的重要证据。在一些地方，出现医疗争议后，医患之间时常发生抢夺病历的现象，或因丢失病历引发纠纷甚至诉讼。目前对病历的所有权存在争议，尚无定论。一般来说，医疗机构对病历拥有保管权和著作权，患者对病历拥有隐私权和知情权。

病历资料分两大类：客观性病历资料和主观性病历资料。

客观性病历资料，是指记录患者的症状、体征、病史、辅助检查结果、医嘱等，还包括为患者手术、特殊检查及其特殊治疗时向患者交待情况、患者或其近亲属签字的医学文字资料。这些材料都应复印交给患者。

主观性病历资料，是指医疗活动中医务人员通过对患者病情发展、治疗过程进行观察、分析、讨论并提出诊治意见的记录，多是反映医务人员对患者疾病及其诊治情况的主观认识，不同的医师、病程的不同时期均可能出现不同结果，甚至出现相反的观点或意见，这些病历资料由医疗机构保管。但在发生医疗事故争议时，这些病历资料应当在医患双方在场的情况下共同封存或启封，双方可以共同加盖印记予以证明，并由医疗机构交给医疗事故技术鉴定专家组。专家们将对全部病历资料进行调查、取证、核实、分析并做出判断。

《条例》第十条、第十六条规定，患者有权获得诊疗的客观记录和部分病历资料，如：门诊病历、住院志、体温单、医嘱单、化验单（检验报告）、医学影像检查资料、特殊检查同意书、手术同意书、手术及麻醉记录单、病理资料、护理记录以及国务院卫生行政部门规定的其他病历资料。这些规定是维护患者对其疾病以及疾病的诊断、治疗享有的知情同意权，同时明确医疗结构和医务人员应承担的告知义务。患方复印病历时需要付一些成本费。

患者要注意收集和保管好自己手中的病历资料，一旦出现医疗损害时可以作为维护自身合法权益的证据。平时在疾病诊疗过程中，医务人员看到患者在不同时期的检查与治疗，就会了解患者过去的病史、过敏史等，如果患者的肝、肾、心、肺等脏器存在功能障碍，开药或治疗时就会更加小心。医学影像检查是看病花钱较多的检查项目，应注意携带原件（如 X 光片、CT 片等），这就可以避免重复检查所造成的浪费，或者可作为对照病情是好转还是加重的判断。

需要注意的是，以抢夺、盗窃等违法方式取得的病历等资料不能作为证据。最高人民法院的《关于民事诉讼证据的若干规定》第六十八条规定：“以侵害他人合法权益或者违反法律禁止性规定的方法取得的证据，不能作为认定案件事实的证据。”

4. 医疗事故技术鉴定书的主要内容

医学会在收到医患双方当事人提交的有关医疗事故技术鉴定材料、书面陈述及答辩后的 45 天内应组织鉴定并出具鉴定书。

《条例》第三十一条规定，专家鉴定组在事实清楚、证据确凿、综合分析患者的病情和个体差异的基础上，依据半数以上专家的意见做出鉴定结论，制定鉴定书。专家鉴定组成员对鉴定结论的不同意见，在鉴定书中应予以注明。

鉴定书对鉴定过程要如实记载，应有以下内容：

（1）医患双方当事人的基本情况及要求。

（2）当事人提交的材料和负责组织医疗事故技术鉴定工作的医学会的调查材料。

（3）对鉴定过程的说明。

（4）医疗行为是否违反医疗卫生管理法律、行政法规、部门规章和诊疗护理规范、常规。

（5）医疗过失行为与人身伤害后果之间是否存在因果关系。

（6）医疗过失行为在医疗事故损害后果中的责任程度。

（7）医疗事故的等级。

（8）对医疗事故患者的医疗护理医学建议。

经鉴定不属于医疗事故的，应当在鉴定结论中说明理由。

5. 对鉴定结论不服采取的办法

“不服”的内容若属于鉴定结论对事实的认定、法律法规的适用和鉴定的程序等事项有不同意见的，可按照卫生部制定的《医疗事故技术鉴定暂行办法》第四十条规定：“任何一方当事人对首次医疗事故技术鉴定结论不服的，可以自收到首次医疗事故技术鉴定书之日起15日内，向原收理医疗事故争议处理申请的卫生行政部门提出再次鉴定的申请，或由双方当事人共同委托省、自治区、直辖市医学会组织再次鉴定。”

另外，也可以向人民法院起诉，由法庭决定是否再次委托鉴定。

6. 鉴定费用标准与支付

由于医疗事故争议是一种民事纠纷，而医学会是学术性的社会团体，开展医疗事故技术鉴定是一种服务，因而支付专家鉴定组成员的劳务费、交通费、调查取证人员的差旅费、机构人员联系所需的电话、邮信等项开销，需要相当数额的费用支出，这笔费用必然要由医患双方当事人支付，支付一定数额的费用还可以避免滥用鉴定委托权。因此，《条例》第三十四条规定：“医疗事故技术鉴定，可以收取鉴定费用。经鉴定，属于医疗事故的，鉴定费用由医疗机构支付；不属于医疗事故的，鉴定费用由提出医疗事故处理申请的一方支付。”如果在医疗事故技术鉴定中当事人聘请当地以外的专家参加鉴定活动，所增加的费用也由当事人承担。

同时，由于各地经济发展不平衡，制定全国统一的鉴定费用标准不切实际，因此《条例》规定“鉴定费用标准由省、自治区、直辖市人民政府价格主管部门会同同级财政部门、卫生行政部门规定。”据了解，目前一次技术鉴定大约需要1000～4000元费用。

第三节　医疗事故的赔偿

医疗事故赔偿是侵权民事责任的体现。它既是对患者或其家属的法律补救，又是对违规的医疗机构及医务人员的法律制裁。它有助于医疗机构及医务人员总结教训，加强管理，严守诊疗规范，改善服务，预防再次发生类似问题。

一、医疗事故赔偿争议的解决途径

《医疗事故处理条例》第四十六条规定："发生医疗事故的赔偿等民事责任争议，医患双方可以协商解决；不愿协商或者协商不成的，当事人可以向卫生行政部门提出调解申请，也可以直接向人民法院提起民事诉讼。"明确了解决赔偿问题的三个途径：

1. 医患双方本着平等自愿的原则自行协商解决

这种协商可以在医疗事故技术鉴定之前，也可以在医疗事故技术鉴定之后进行。协商的内容包括：是否是医疗事故？是哪一级医疗事故？赔偿的具体金额等问题。

协商是人类历史上沿袭了几千年使用的有效手段，办法灵活、简便，又可以彼此保存面子，不伤和气。"打官司"不仅当事人劳心劳力耗财，人民法院的成本也相应增加。因此，协商是解决医疗事故赔偿争议最为快捷、成本最低的化解矛盾的办法。在医疗纠纷出现后，医患双方应当耐心听取对方的理由和主张，尊重对方的权利和尊严，与对方持最基本的信任和诚意进行谈判，找出双方共同接受的和解方案。当然若医患双方中有一方坚持不同意协商，那就需要选择行政调解或民事诉讼途径。

2. 医患双方当事人向卫生行政部门申请行政调解

行政调解是在国家行政机关的主持下，根据自愿和合法的原则，促使双方当事人互利互让地协商并达成和解协议的非诉讼活动。调解的好处是能避免当事人诉讼的漫长历程和高昂的诉讼费，因为在调解中双方几乎不用支付费用。

《条例》规定，调解成功要制定协议书。协议书中写明医患双方当事人的基本情况和医疗事故的原因，双方当事人共同认定的医疗事故等级及协商确定的赔偿数额等。

行政调解所达成的协议，没有法律的强制力，主要靠当事人自觉履行。行政调解的前提是必须双方当事人同意，若有一方当事人不同意调解，调解活动便不能进行。并且，调解不成或者经调解达成 致意见后，当事人中有一方反悔的，卫生行政部门将不再进行调解。

3. 当事人直接向人民法院提起民事诉讼

医患双方或一方向法院提起诉讼可以是在医疗事故技术鉴定之前，也可以是在鉴定之后。诉讼将根据国家民法的有关规定，确定医疗机构是否侵犯患者的生命健康权等权利以及需要履行的相应民事责任。由于医疗事故造成的人体损害是很难完全恢复原状的，因此这里所讲的民事责任主要是指财产责任。

《医疗事故处理条例》颁布后，最高人民法院于2003 年3 月发出通知，明确条例实施后发生的医疗事故赔偿纠纷的诉讼，由人民法院参照条例的有关规定办理。对医疗事故之外的医疗纠纷，如故意造成的医疗伤害，医疗活动侵犯患者的隐私权等精神伤害，或者不明显的人数损害等引起的赔偿纠纷，仍按民法及相关的法律来解决。

二、医疗事故的赔偿原则

人的生命健康是一种复杂的自然生物现象和生理、心理状态。而医疗行为对患者生命健康的损害，受到患者自身的健康素质、疾病、年龄、心理以及药物、医疗器械的质量、医务人员的技术水平等多种因素的影响。为了体现我国法律的公平性，在判断医疗事故的责任和赔偿的具体数额时，应综合分析各种相关因素的影响。为此，《条例》第四十九条规定，医疗事故赔偿数额的确定，应当考虑下列因素：

1. 医疗事故等级

即不同级别的医疗事故赔偿金额不同；同一级别不同等级的医疗事故赔偿金额也不同，一级最高，四级最低。

2. 医疗过失行为在医疗事故损害后果中的责任程度

即确定医疗事故的责任和赔偿要体现过错原则。医疗行为本身对人体就存在一定的致害因素，如打针会疼痛、手术会留下切口，但是这种伤害有医学依据，并且在可预见的范围内。若出了范围或者缺乏医学依据就可能存在过失行为。

判断责任程度也就是判断医疗行为有没有过错和过错的大小。在医疗事故技术鉴定时，专家鉴定组应明确过失行为的责任程度是完全责任、主要责任、次要责任还是轻微责任。过错大的赔偿金额就高，过错小的赔偿金额就少。

3. 医疗事故损害后果与患者原有疾病状况之间的关系

当考虑患者原有疾病的影响程度时，应注意几个问题：

(1) 患者原有疾病的发生、发展过程中的必然趋势与医疗事故损害后果之间的关系。

(2) 患者原有疾病状况发展对现损害的直接作用程度和过失行为之间的关系。

(3) 患者原有疾病状况的基础条件与现损害之间的关系。

(4) 患者原有疾病状况的危险性及对医疗行为的客观需求，患者因疾病的诊治的获益和损害结果之间的关系等。

例如，对癌症中、晚期患者的治疗是有风险的，若手术切除肿瘤，或许可以延长生存的年限，但由于恶性肿瘤的侵润性强，医生在手术时怕伤及周围器官，未切除干净；若过分剥离肿瘤，也许会造成周围组织器官的损伤。再如，患者患有某种疑难重症，医学没有妥善的诊治方法，不治的后果是死亡，治疗也许有一线生存的希望，但风险很高。在这种情况下发生的一些医疗差错，医疗机构和医务人员的过错责任要轻些。

三、医疗事故赔偿项目和计算标准

医疗事故赔偿项目和标准：

（1）医疗费：按照医疗事故对患者造成的人身损害进行治疗所发生的医疗费用计算，凭据支付，但不包括原发病费用。结案后确实需要继续治疗的，按照基本医疗费用支付。

（2）误工费：患者有固定收入的，按照本人因误工减少的固定收入计算，对收入高于医疗事故发生地上一年度职工年平均工资 3 倍以上的，按照 3 倍计算；无固定收入的，按照医疗事故发生地上一年度职工年平均工资计算。

（3）住院伙食补助费：按照医疗事故发生地国家机关一般工作人员的出差伙食补助标准计算。

（4）陪护费：患者住院期间需要专人陪护的，按照医疗事故发生地上一年职工年平均工资计算。

（5）残疾生活补助费：根据伤残等级，按照医疗事故发生地居民平均生活费计算，自定残之月起最长赔偿 30 年；但是，60 周岁以上的，不超过 15 年；70 周岁以上的，不超过 5 年。

（6）残疾用具费：因残疾需要配置补偿功能器具的，凭医疗机构证明，按照普及型器具的费用计算。

（7）丧葬费：按照医疗事故发生地规定的丧葬费补助标准计算。

（8）被抚养人生活费：以死者生前或者残疾者丧失劳

动能力前实际抚养且没有劳动能力的人为限，按照其户籍所在地居民最低生活保障标准计算。对不满16周岁的，抚养到16周岁。对年满16周岁但无劳动能力的，抚养20年；但是，60周岁以上的，不超过15年；70周岁以上的，不超过5年。

（9）交通费：按照患者实际必需的交通费用计算，凭据支付。

（10）住宿费：按照医疗事故发生地国家机关一般工作人员出差住宿补助标准计算，凭据支付。

（11）精神损害抚慰金：按照医疗事故发生地居民年平均生活费计算。造成患者死亡的，赔偿年限最长不超过6年；造成患者残疾的，赔偿年限最长不超过3年。

上述项目的具体赔偿数额根据医疗事故发生地的实际情况确定。

四、医疗事故赔偿费用的支付

《条例》第五十二条规定，医疗事故赔偿费用，实行一次性结算，由承担医疗事故责任的医疗机构支付。

目前，全国许多地方推行医疗事故责任保险，医疗机构和医务人员参加投保。发生医疗事故后，赔偿费用的一部分或者全部由保险公司支付。具体的管理办法由保险公司制定。

第四节　医疗事故民事诉讼中举证责任倒置

一、举证责任倒置

一般情况下，民事诉讼通常采取“谁主张、谁举证”

的原则。所谓举证责任倒置，是指基于维护某种利益或法律秩序的需要，不是遵守举证责任分配的一般原则，而是将本应由原告承担的举证责任交由被告承担。

举证倒置在法理上是举证责任分配的一种特殊方式。确立举证责任的分配原则主要依据三个价值取向：

(1) 体现法律为维护社会的稳定，向弱势群体倾斜的原则。

(2) 体现民法的诚实、信用原则，法官以此来考虑分配举证责任的多少。

(3) 考虑特殊领域的证据支配能力，即双方当事人哪一个更了解情况，更容易接近和掌握证据。

在医患关系上，虽然医务人员很少能意识到他们与患者相比是掌握医疗技术的优势者，但如果就医疗行为是否有差错，损害是否存在因果关系等问题让患者举证，显然是为人所难。这是由于主要的医疗原始资料基本掌握在医院手中，患者不容易得到。患者即使获得一部分病例资料，也未必能读懂和发现其中存在的问题。因此，最高人民法院《关于民事诉讼证据的若干规定》对医疗侵权诉讼规定实行举证倒置。由医疗机构就医疗行为与损害结果之间不存在因果关系及不存在医疗过错承担举证责任。世界上不少国家也是这么规定的。

二、患者及其家属在诉讼中的举证责任

医疗事故诉讼实行举证责任倒置，患者方容易出现两种倾向，一是滥用诉讼权利；二是对收集证据产生惰性。实际上，患者方不能完全免除举证责任。患者及其家属需要注意两点：

（1）医疗诉讼实行举证责任倒置后，并不是患者跑到医疗机构说一声："我告你！"或者向法院递交诉讼请求，就可以听凭医疗机构举证，完事大吉了。医疗过错责任的认定须同时具备四个要件：事实上发生的侵权行为、医疗行为有过错、存在损害后果、医疗行为与损害结果之间存在因果关系。实行举证责任倒置，并不是所有的举证责任都倒置，医疗机构只须向法院提供两个要件：即医疗行为与损害结果之间是否有因果关系和医疗行为是否有过错。而患者方也需要向法院提供一定的证据，如证明自己在这家医疗机构就诊的事实，如挂号单、医疗处方、医疗收费单等；医疗过程中给自己造成的损害后果。若患者方起诉由于医疗机构的过失，使自己由一个正常人变成了残疾人（如聋哑），他就要证明自己在这家医疗机构诊治前是生活能力正常的人（能听得到、能发声等）。因此，患者及其家属在疾病的诊疗过程中应注意保管好各种单据，并可以依据《医疗事故处理条例》第十条的有关规定，要求复印或复制存放在医疗机构的门诊病历、住院志、体温单、医嘱单、化验单、检验报告、医学影像检查资料、特殊检查同意书、手术同意书、手术及麻醉记录单、病理资料、护理记录等。

（2）根据民事诉讼法，在诉讼的庭审阶段，随着庭审的开展，诉讼双方会不断进行举证责任的转换。如果医疗机构举出了充分的证据证明自己的清白，此时患者方就需要提供反驳的证据，拿不出来反驳的证据，也可能面临败诉。所以患者方在起诉前，也必须准备必要的证据。

案例与问题解答

1. 手术输液过量致患儿死亡的重大医疗事故

2003 年 7 月，四川某县患儿齐某，女，3 岁，因“O”形腿（俗称罗圈腿）住县医院做矫正手术，手术由外科医师陈某主刀。但医师陈某对小儿输液量根本没有计算过，手术前也未请示上级医师，在未与其他同事研究的情况下就进行了手术。

手术进行中医师陈某曾嫌护士输液速度慢，指示护士加快输液速度，在陈某的指示下，不到 1 小时的时间内竟输入盐水、葡萄糖液 1700 毫升，使患儿体内在短时间内骤然增大血容量，加大心脏负荷，造成急性肺水肿和急性心力衰竭。当发现了此情况时，陈某仍指示护士继续输液，患儿终因在短时间内接受液体超量死于手术台上，使一个健康的儿童为矫正“O”形腿而丧失了生命。此外，事故发生后陈某竟又伪造了病历。

患儿家长向人民法院控告了外科医师陈某。经医疗事故鉴定委员会鉴定属医疗责任事故，人民法院刑事审判庭依法公开审理。认为陈某的行为已构成犯罪，以重大医疗事故罪对陈某进行了判刑，陈某受到了应有的法律制裁。

分析：《执业医师法》第二十二条规定，医师在执业活动中要遵守技术操作规范。第二十三条规定：“医师实施医疗、预防、保健措施，签署有关医学证明文件，必须亲自诊查、调查，并按照规定及时填写医学文书，不得隐匿、伪造或者销毁医学文书及有关资料。”《医疗事故处理条例》第九条规定：“严禁涂改、伪造、隐匿、销毁或者抢夺病历资料。”第十五条规定：“发生或者发现医疗过失行为，医疗机构及其医务人员应当立即采取有效措施，避免或者减轻对患者身体健康的损害，防止损害扩大。”本案中，陈某违反输液的技术操作规范，要求护士加快输液速度，并在发现患儿身体出现异常情况时，没有及时停止其错误做法，最终导致患儿接受体液超量死亡。事故发生后，陈某还伪造病历，妄图掩盖自己的过错。陈某的行为，违反了《执业医师法》的上述规定，造成了患者死亡的严重后果，根据《刑法》第三百三十五条的规定，应当承担刑事责任。

2. 误诊不属于医疗事故

一位中年女士突然发现颈部长了一个肿块，遂到某市医院就诊。经活检，肿块的病理报告为“非典型性增生”，是炎症引起的。后经抗炎治疗肿块很快消失了。两年后该女士旧病复发，到省城医院诊断为“淋巴瘤”。这位女士认为是原市医院误诊才导致病情恶变，于是将其告上法庭。后经两级鉴定，均不属于医疗事故，医院没有败诉。

分析：目前世界医学科技发展水平及人类对疾病的认识程度有限，现有的诊疗技术还不能保证每个病人都能被确诊。医疗失误往往是各种复合性因素所致，除医疗机构和医务人员的水平等因素外，患者的年龄、原有疾病状况、身体素质等因素也都对疾病的发生、发展及转归有很大的影响。本案中，医院对患者进行了必要的检查，根据检查结果进行了对症治疗，经治疗患者症状很快消除。应该说医院在诊疗过程中并没有过错，因此不应当认定为医疗事故。

3. 医疗事故的举证责任倒置

天津一位患者因冲床轧伤右手一个手指，在天津某医院就诊手术时，其右手五指均被截掉，他于2000年10月提起医疗事故技术鉴定，但在鉴定前鉴定机构发现其X光片丢失，鉴定机构不予鉴定。因而他在2001年2月提起民事诉讼要求赔偿。天津河西区法院经审理认为，医院拿不出为什么要切除五指的确切证据和病人曾取走X光片的事实，因此，要承担不能举证的法律后果，判决医院赔偿病人1万元。

分析：最高人民法院《关于民事诉讼证据的若干规定》第四条规定:“因医疗行为引起的侵权诉讼，由医疗机构就医疗行为与损害结果之间不存在因果关系及不存在医疗过错承担举证责任。”《医疗事故处理条例》第二十八条规定:“医患双方应当依照本条例的规定提交相关材料。医疗机构无正当理由未依照本条例的规定如实提供相关材料，导致医疗事故技术鉴定不能进行的，应当承担责任。”本案中，医院无法证明其切除五指的必要性及在其中不存在过错，也无法证明患者取走X光片的事实，所以应当承担责任。

本讲引用的法律、法规和政策

1.《中华人民共和国民法通则》

（1986 年 4 月 12 日第六届全国人民代表大会第四次会议通过，1987 年 1 月 1 日施行）

2.《中华人民共和国刑法》

（1979 年 7 月 1 日第五届全国人民代表大会第二次会议通过，1997 年修订，1997 年 10 月 1 日施行）

3.《中华人民共和国民事诉讼法》

（1991 年 4 月 9 日第七届全国人民代表大会第四次会议通过，1991 年 4 月 9 日公布施行）

4.《中华人民共和国执业医师法》

（1998 年 6 月 26 日第九届全国人民代表大会常务委员会第三次会议通过，1999 年 5 月 1 日施行）

5.《中华人民共和国消费者权益保护法》

（1993 年 10 月 31 日第八届全国人民代表大会常务委员会第四次会议通过，1994 年 1 月 1 日施行）

6.《医疗事故处理条例》

（2002 年 4 月 4 日国务院令第 351 号颁布，2002 年 9 月 1 日施行）

7.《医疗机构管理条例》

（1994 年 2 月 26 日国务院令第 149 号颁布，1994 年 9 月 1 日施行）

8.《关于民事诉讼证据的若干规定》

（2001 年 12 月 21 日最高人民法院法释［2001］33 号发布）

9.《护士管理办法》

（1993 年 3 月 26 日卫生部令第 31 号发布，1994 年 1 月 1 日施行）

10.《医疗事故分级标准（试行）》

（2002 年 7 月 19 日卫生部发布，2002 年 9 月 1 日施行）

11.《医疗事故技术鉴定暂行办法》

（2002 年 8 月 2 日卫生部发布，2002 年 9 月 1 日施行）

第五讲　食品卫生

第一节　《食品卫生法》的主要规定

一、食品卫生立法

《食品卫生法》是全国人大常委会于 1995 年 10 月 30 日颁布的一部法律。这部法律对于保证食品卫生，防止食品污染和有害因素危害人体，保障人民身体健康，增强人民体质具有重要的意义，并已发挥了极为广泛的作用。所以，这是一部保护人民利益的重要法律。

食品卫生是关系到千千万万人生命健康的大问题，人们离不开食物，不但要吃饱，而且要吃得干净、吃得放心，也就是必须保证食品卫生。特别是在社会经济发展的基础上，人们的生活逐步改善了，文化素质提高了，对食品卫生的要求也随之提高。食品卫生与人民生活有了更为密切的联系。这种情况反映了现代生活的共同需要，也是中国社会经济发展的必然结果。

如何才能保证食品卫生，人们可以使用科学技术手段，也可以通过道德规范，还可以采用经济措施和行政办法等等。但是，最具权威的、最有效而普遍适用的，则是法律的手段。以法律手段保证食品卫生，就是要使食品卫生的监督管理法制化，使食品卫生纳入法律的轨道。

二、食品卫生监督制度

《食品卫生法》第二条规定:“国家实行食品卫生监督制度。”所谓食品卫生监督制度是食品卫生监督管理过程中所实行的各种管理方法、手段、程序、要求、规则等的总称。根据《食品卫生法》的规定，食品卫生监督制度主要包括食品生产经营卫生许可制度、食品生产经营人员健康检查制度、新资源食品（食品添加剂的新品种）生产审批制度、表明具有特定保健功能的食品生产审批制度、食品生产经营索证制度、进口食品审批制度、预防性食品卫生监督制度、经常性食品卫生监督和监测检验制度及食品卫生监督员制度等。

三、监督食品卫生人人有责

《食品卫生法》颁布实行以来，我国的食品卫生状况有了明显改善，食品卫生合格率不断提高，食物中毒事故逐步减少。但是，随着改革开放不断深入，在放开搞活食品市场的同时，食品卫生方面存在的问题依然不少。

（1）一些食品生产经营者和法制观念淡薄，见利忘义，在食品中掺杂使假，任意夸大宣传食品疗效，甚至生产销售病死、毒死的畜禽肉等有毒、有害食品，坑害广大消费者。

（2）有些政府职能部门对食品卫生的重要性认识不足，只注重发展经济，不关心食品卫生，致使大量不符合国家食品卫生标准和卫生要求的食品、食品添加剂、食品容器、包装材料和食品用工具设备等流入市场。

（3）随着第三产业的发展，饮食摊点在全国城乡遍地开花，虽然方便了人民生活，但是由于其流动性大，生产工艺落后，卫生设施缺乏，因此，不卫生、不守法的情况十分严重，对于这些问题，人民群众意见较大。

由于食品卫生工作涉及面广，管理难度大，单纯依靠行政管理和司法监督并不能完全奏效。因此，《食品卫生法》在总结实践经验的基础上规定：“国家鼓励和保护社会团体和个人对食品卫生的社会监督。对违反本法的行为，任何人都有权检举和控告。”

四、食品生产经营过程的卫生要求

食品生产经营过程是指从食品原料采购、加工、储存、陈列、运输，到供应、销售的全过程。这个过程涉及与保证食品卫生有关的环境、场所、设施、用具、布局、原材料以及人员等。《食品卫生法》规定的卫生要求共有10项内容：

（1）保持内外环境整洁，采取消除苍蝇、老鼠、蟑螂和其他有害昆虫及其孳生条件的措施，与有毒、有害场所保持规定的距离。

（2）食品生产经营企业应当有与产品品种、数量相适应的食品原料处理、加工、包装、贮存等厂房或者场所。

（3）应当有相应的消毒、更衣、盥洗、采光、照明、通风、防腐、防尘、防蝇、防鼠、洗涤、污水排放、存放垃圾和废弃物的设施。

（4）设备布局和工艺流程应当合理，防止待加工食品与直接入口食品、原料与成品交叉污染，食品不得接触有毒物、不洁物。

（5）餐具、饮具和盛放直接入口食品的容器，使用前必须洗净、消毒，炊具、用具用后必须洗净，保持清洁。

（6）贮存、运输和装卸食品的容器包装、工具、设备和条件必须安全、无害，保持清洁，防止食品污染。

（7）直接入口的食品应当有小包装或者使用无毒、清洁的包装材料。

（8）食品生产经营人员应当经常保持个人卫生，生产、销售食品时，必须将手洗净，穿戴清洁的工作衣、帽；销售直接入口食品时，必须使用售货工具。

（9）用水必须符合国家规定的城乡生活饮用水卫生标准。

（10）使用的洗涤剂、消毒剂应当对人体安全、无害。

五、国家禁止生产经营的食品

根据《食品卫生法》的规定，下列12类食品属于国家禁止生产经营的食品。

（1）腐败变质、油脂酸败、霉变、生虫、污秽不洁、混有异物或者其他感官性状异常，可能对人体健康有害的。

（2）含有毒、有害物质或者被有毒、有害物质污染，可能对人体健康有害的。

（3）含有致病性寄生虫、微生物的，或者微生物毒素含量超过国家限定标准的。

（4）未经兽医卫生检验或者检验不合格的肉类及其制品。

（5）病死、毒死或者死因不明的禽、畜、兽、水产动物等及其制品。

（6）容器包装污秽不洁、严重破损或者运输工具不洁造成污染的。

（7）掺假、掺杂、伪造，影响营养、卫生的。

(8) 用非食品原料加工的，加入非食品用化学物质的或者将非食品当作食品的。

(9) 超过保质期限的。

(10) 为防病等特殊需要，国务院卫生行政部门或者省、自治区、直辖市人民政府专门规定禁止出售的。

(11) 含有未经国务院卫生行政部门批准使用的添加剂的或者农药残留超过国家规定容许量的。

(12) 其他不符合食品卫生标准和卫生要求的。

六、接触食品的物质材料必须符合卫生要求

《食品卫生法》规定:“食品容器、包装材料和食品用工具、设备必须符合卫生标准和卫生管理办法的规定。”

各种食品容器、包装材料和食品用工具、设备本身不是食品，但由于这类产品直接和间接接触食品，可能在食品生产加工、贮藏、运输和经营过程中造成食品污染，或容器包装材料中有毒有害物质迁移到食品中，因此必须对这类产品的生产经营和使用进行严格卫生管理。食品容器、包装材料和食品用工具、设备包括了种类繁多的一大类产品。主要种类有塑料制品，纸制品，陶瓷、搪瓷制品，橡胶制品，铁、铝、不锈钢、铜等各种金属材料制品。此外，还包括各种食品容器、食品用设备内壁的防腐蚀涂料以及用于食品加工用原纸的印刷油墨、颜料等。国家对上述产品及原材料分别或按类别制定了卫生标准和相应的卫生管理办法。《食品卫生法》中的这一条规定要求生产经营和使用这类产品必须遵守相应卫生标准和卫生管理办法的具体规定。主要要点包括:

(1) 生产这类产品所采用的原材料等必须是国家卫生标准规定允许使用的品种，其质量达到卫生标准要求。

（2）接触食品后不得有原材料单体或有害金属如铅、镍等向食物中迁移造成食物污染。

（3）一般不得使用和回收材料为原料生产加工食品用器具。

（4）食品用塑料制品、涂料等，要求注明“食品用”或“食品容器”等标识。

近年来，食品容器、包装材料及食品用工具、设备发展迅速，但是这类产品的生产经营管理比较混乱，成为食品污染的一个重要原因。为加强对这类产品的卫生监督管理，国务院卫生行政部门依据《食品卫生法》的规定，已制定出一系列卫生标准，生产单位应严格执行，以确保食品的安全与卫生。

七、开办食品生产经营企业必须符合卫生要求

《食品卫生法》对食品生产经营企业预防性卫生监督做出了明确规定。《食品卫生法》第十九条规定：“食品生产经营企业的新建、扩建、改建工程的选址和设计应当符合卫生要求，其设计审查和工程验收必须有卫生行政部门参加。”

新建是指新设计、新施工的建设项目。改建是指在原有基础上进行改造的项目，如利用旧的厂房改为食品生产厂房。扩建是指在原建筑的基础上扩大建筑规模的项目，包括一次性计划设计分期建成使用的建设项目。食品生产经营企业的新建、扩建、改建工程的选址和设计应当符合卫生要求。卫生要求指的是国务院卫生行政部门有关食品生产经营企业的卫生规范、标准，有关食品生产经营的卫生管理办法和预防性卫生监督管理办法等。

八、定型包装食品必须有明确的标识

《食品卫生法》第二十一条规定:“定型包装食品和食品添加剂，必须在包装标识或者产品说明书上根据不同产品分别按照规定标出品名、产地、厂名、生产日期、批号或者代号、规格、配方或者主要成分、保质期限、食用或者使用方法等。食品、食品添加剂的产品说明书，不得有夸大或者虚假的宣传内容。食品包装标识必须清楚，容易辨识。在国内市场销售的食品，必须有中文标识。”

“定型包装食品”指按一定量、一定标志并由固定包装而构成的一个零售单位的包装食品。

食品、食品添加剂的标识也就是通常所说的标签，即食品包装上的文字、图形、符号以及说明物。借以显示或说明商品的特征、性能、保存条件、期限和食用方法，向消费者传递信息。同时起到引导、指导消费者选购食品的作用。因为定型包装的食品，消费者只能通过标签上的文字、图形、符号，了解食品的本质。如：用什么原料和辅料制成，有哪些营养成分、哪一家生产、哪一天生产、能保存多长时间，等等。消费者选购食品时，最关心的是产品的质量和安全性。如果食用后，一旦出现卫生问题，消费者可据此投诉，便于追查责任。

目前，我国有关部门已颁布了《食品标签通用标准》、《特殊营养食品标签标准》、《饮料酒标签标准》等规章。本条所指“不同的产品分别按照规定标出品名”，即表明该食品真实属性的专用名称，如酒、饮料、糖果、糕点等，如果无上述规定名称时，必须使用不使消费者误解或混淆的常用名称或俗名。其厂名、厂址一定要标注清楚。如系进口食品，必须标明原产国地区、以及国内负责总经销的单位名称和地址。“生产日期、批号或者代号”是指生产或分装的时间，标注顺序为年、月、日。批号是指同一配料单元所生产的同一批产品。代号由生产厂家自行规定，但必须是通用代号。

“规格、配方或者主要成分、保质期限、食用或者使用方法等”，指定型包装食品的规格，是生产或分装者按照需要自行确定的。但必须采用国际单位制，如液态食品用体积，固态食品用质量表示。“配方或者主要成分”是指原料和食品的配料。除单一配料的食品外，食品标签上必须标明各种配料的名称，各种配料必须按加入量的递减顺序一一排列；如果某种配料本身是由两种或两种以上的其他配料构成的复合配料，必须标明复合配料的名称；食品中使用的添加剂必须按有关规定详细标明。

“保质期”指食品在标明的贮存条件下，保持品质的期限，在此期限内食品完全适于销售和食用。

为了保证消费者正确食用，必须标明“食用或使者用方法”，如加热烹调、冷藏保存等。如属辐照食品，还应有特定的标记。

“产品说明书和包装标识”必须实事求是地标写规定的内容，不允许有与产品质量不一致的内容。如，不能把仅用糖精、香精配制的饮料标为“天然桔汁”；也不能把产品中仅含有 0.2% 的氨基酸标为“高蛋白食品”，等等。

“必须有中文标识”是指凡在我国市场上销售的食品和进口食品，均必须用汉字标明。无中文标识，应视为违法行为。

九、保健食品不能夸大宣传

《食品卫生法》第二十三条规定:“表明具有特定保健功能的食品，不得有害于人体健康，其产品说明书内容必须真实，该产品的功能和成份必须与说明书相一致，不得有虚假。”

保健食品的属性是食品，应当符合无毒、无害的要求，保健食品的首要问题是安全。统计资料表明，目前，人类接触的化学物质约有 5 万种，用于食品的5000 种。由于保健食品的原料除部分为天然动植物外，大都含有某些化学物质。因此，保健食品在研制过程中必须进行毒理学试验，根据试验结果作出安全性评价。如果所使用的化学物质为国内外已有，并已证明为食用安全的产品，则可不必做毒理学试验。

“产品说明书内容必须真实”，是生产者对消费者一种负责的承诺。生产者应如实地按产品配料及用量说明其功能，不得用夸大、虚假的词语欺骗消费者。

“产品的功能和成分必须与说明书一致”，是指说明书必须如实反映实验结果和功能的客观效果。即必须通过功能试验，证明确有功效的食品，才能宣传为特定保健功能食品。比如，大量的科研成果证实了富含维生素 C 的食品可以阻断亚硝氨生成，从而可以有效地阻断有致癌性的亚硝基类化合物的形成；又如香菇中的香菇多糖是一种很好的免疫增强剂和免疫调节剂，能抑制肿瘤的生长和发展。据此在说明书中予以宣传，则属真实性宣传，而毫无科学根据的说明，则是违法的宣传。

十、食品生产经营人员必须有健康证明

《食品卫生法》第二十六条规定:“食品生产经营人员每年必须进行健康检查;新参加工作和临时参加工作的食品生产经营人员必须进行健康检查,取得健康证明后方可参加工作。

凡患有痢疾、伤寒、病毒性肝炎等消化道传染病(包括病原携带者),活动性肺结核,化脓性或者渗出性皮肤病以及其他有碍食品卫生的疾病的,不得参加接触直接入口食品的工作。”

食品在生产经营过程中容易受到病原体污染,成为食源疾患特别是肠道传染病的传播媒介。如果食品生产经营人员的体内携带这类病原体或处于患病期间,极可能通过污染食品进一步传播给消费者,造成食源性疾病流行,甚至酿成食物中毒爆发。本条规定,所有食品生产经营者,包括新参加工作和临时从事食品生产经营工作的人员都必须取得健康证明后方可准许工作。同时,卫生行政部门要对食品从业人员进行经常性医学监督。对连续从事食品生产经营的人员每年必须进行健康检查。对凡发现患有痢疾、伤寒、病毒性肝炎等消化道传染病和病原携带者,患有活动性肺结核、化脓性或者渗出性皮肤病以及其他有碍食品卫生的疾病的人,必须立即脱离接触直接入口食品的工作,并按规定进行治疗。“其他有碍食品卫生的疾病”指患有如流涎症状、肛门漏、膀胱造漏等。为了规范和指导对食品从业人员等的健康检查,卫生部发布了《预防性健康检查管理办法》,规定对食品生产经营从业人员的健康检查和出据健康证明必须由政府卫生行政部门指定的医疗卫生机构实施,非指定的医疗卫生

机构的健康检查证明无效。

十一、开办食品生产经营企业必须持有卫生许可证

《食品卫生法》第二十七条规定:“食品生产经营企业和食品摊贩，必须先取得卫生行政部门发放的卫生许可证方可向工商行政管理部门申请登记。未取得卫生许可证的，不得从事食品生产经营活动。

食品生产经营者不得伪造、涂改、出借卫生许可证。

卫生许可证的发放管理办法由省、自治区、直辖市人民政府卫生行政部门制定。”

任何单位或个人申请从事食品生产经营活动，必须首先申请取得卫生行政部门发放的卫生许可证之后，才能向工商行政部门申请登记和取得营业执照。如果卫生行政部门审查发现申请者不符合或不具备进行食品生产经营的基本卫生要求和条件，将不被允许从事食品生产经营活动，不予核发卫生许可证，因此，工商行政管理部门也不能予以登记。同样，依法被卫生行政部门吊销卫生许可证的食品生产经营者，不得继续从事食品生产经营活动。还必须注意，卫生许可证只给予申领者自身在规定范围内从事食品生产经营活动的卫生许可，任何出借、转让、买卖、涂改甚至伪造卫生许可证的行为都是违法的。申领卫生许可证的程序一般为：由申请者向当地有管辖权的卫生行政部门提出书面申请并提交有关资料；卫生行政部门受理后，按照《食品卫生法》及有关规定在规定的期限内指派卫生监督人员对申请者的食品生产经营现场和有关资料进行审查，向符合条件的合法申请者发放卫生许可证。卫生许可证具有一定的时效性，有效期限满后，卫生行政部门要进行复核。对复核符合条件的，卫

生行政部门在其卫生许可证上加贴标志或换发新证。考虑到我国各地的地区差异，本条规定把制定卫生许可证发放管理办法，包括发放的程序、范围、条件及发放管理的具体要求等，授权各省、自治区、直辖市人民政府卫生行政部门制定。

第二节 违法生产经营食品的法律责任

一、生产经营不符合卫生标准的食品

《食品卫生法》第三十九条规定："违反本法规定，生产经营不符合卫生标准的食品，造成食物中毒事故或者其他食源性疾患的，责令停止生产经营，销毁导致食物中毒或者其他食源性疾患的食品，没收违法所得，并处以违法所得一倍以上五倍以下的罚款；没有违法所得的，处以一千元以上五万元以下的罚款。

违反本法规定，生产经营不符合卫生标准的食品，造成严重食物中毒事故或者其他严重食源性疾患，对人体健康造成严重危害的，或者在生产经营的食品中掺入有毒、有害的非食品原料的，依法追究刑事责任。

有本条所列行为之一的，吊销卫生许可证。"

本条是对生产经营不符合卫生标准的食品造成食物中毒事故或其他食源性疾患的，以及生产经营掺入非食品原料的食品的行政责任和刑事责任的规定。

二、无卫生许可证生产经营食品

《食品卫生法》第四十条规定："违反本法规定，未取得

卫生许可证或者伪造卫生许可证从事食品生产经营活动的，予以取缔，没收违法所得，并处以违法所得一倍以上五倍以下的罚款；没有违法所得的，处以五百元以上三万元以下的罚款。涂改、出借卫生许可证的，收缴卫生许可证，没收违法所得，并处以违法所得一倍以上三倍以下的罚款；没有违法所得的，处以五百元以上一万元以下的罚款。”

卫生许可证是表明持有者具有合法从事食品生产经营活动的资格凭证。没有取得卫生许可证不能从事食品生产经营活动。伪造的卫生许可证没有法律效力。无论是自己伪造的，还是以何种形式从他人手中得到的，其所从事的食品生产经营，都视为无证生产经营活动，是法律所绝对禁止的。依照本条，对上述两种情形，都必须予以取缔。所谓“取缔”是指卫生行政部门对未取得或伪造卫生许可证从事食品生产经营活动及涂改、出借卫生许可证的食品生产经营者采取的强制性的终止其非法生产经营活动的行政处罚。可以采用公告、没收或销毁食品及其原料、没收工具及用具等方式。被取缔的所谓食品生产经营者，必须立即无条件地停止非法的食品生产经营活动。对获得的违法所得一律予以没收。另外，还可以按照违法所得 1～5 倍处以罚款；对没有违法所得的，按照 500～30000 元处以罚款。

三、食品生产经营过程不符合卫生要求

《食品卫生法》第四十一条规定：“违反本法规定，食品生产经营过程不符合卫生要求的，责令改正，给予警告，可以处以五千元以下的罚款；拒不改正或者有其他严重情节的，吊销卫生许可证。”

《食品卫生法》中对生产经营食品的过程提出了具体的

卫生要求，违反其中的任何要求，都要受到一定的行政处罚。其中规定了四种行政处罚办法：

（1）责令改正：是对食品生产经营过程中不符合卫生要求的责成其改进的一种行政处罚。要求在一定期限内改正其行为的，必须立即执行。在改正期限到期后，卫生行政部门应对改进结果作出鉴定。

（2）警告：是卫生行政部门对违法者的一种谴责和警戒，是《食品卫生法》规定的最轻微的一种行政处罚。食品生产经营者的违法行为应及时改正，如继续进行或不停止这种违法行为，将面临更为严厉的处罚。

（3）罚款：在本条中罚款并不是必须实施的处罚。如果食品生产经营者的违法行为比较严重，或责令改正、警告不足以惩罚的，可以处以罚款。本条规定只按绝对数额处以罚款，并只规定了上限而没有规定下限，处罚时可根据具体情况确定。

（4）吊销卫生许可证：对拒不改正或者有其他严重情节的违法者适用。这些严重情节主要有卫生行政部门作出责令改正的处罚后，到期复查仍未改正违法行为的或者作出上述三项处罚后仍未改正的等。

四、生产虚假保健食品

《食品卫生法》第四十五条规定：“违反本法规定，未经国务院卫生行政部门审查批准而生产经营表明具有特定保健功能的食品的，或者该食品的产品说明书内容虚假的，责令停止生产经营，没收违法所得，并处以违法所得一倍以上五倍以下的罚款；没有违法所得的，处以一千元以上五万元以下的罚款。情节严重的，吊销卫生许可证。”

表明具有特定保健功能的食品，其产品和说明书必须报国务院卫生行政部门审查批准。产品说明书内容必须真实，该产品的功能和成份必须与说明书相一致，不得有虚假。下列两种情形属于违法行为：

（1）未经国务院卫生行政部门审查批准即生产经营所谓的具有特定保健功能的食品。

（2）表明具有特定保健功能的食品的产品说明书内容虚假。

前者是未经审查批准而擅自生产经营表明具有特定保健功能的食品，后者是取得了生产经营表明具有特定保健功能的食品的资格，但其产品的功能和成份与说明书不一致，内容有虚假。对上述两种违法行为，都要受到行政处罚。

五、违法生产经营食品造成损害的民事赔偿

《食品卫生法》第四十八条规定："违反本法规定，造成食物中毒事故或者其他食源性疾患的，或者因其他违反本法行为给他人造成损害的，应当依法承担民事赔偿责任。"

所谓民事赔偿责任，是指行为人因其违法行为给他人造成损害时，依法应以自己的财产补偿受害人损失的责任。本条规定的民事赔偿责任包括两个方面：

（1）造成消费者食物中毒或者其他食源性疾患所要承担的赔偿责任。

（2）因其他违反本法行为给他人造成损害的赔偿，它是除了造成消费者食物中毒或者其他食源性疾病以外的损害所要承担的赔偿责任。

民事损害赔偿必须具备以下的要件：

（1）由于食物中毒事故或者其他食源性疾患及其他违

法行为给他人造成的损害确实客观上存在。

（2）致害人行为要具有违法性，也就是本条所指的“违反本法规定”，才承担民事损害赔偿责任，否则不负本法规定的赔偿责任。总之，“违反本法规定”是构成承担本法规定的民事损害赔偿责任的依据。

（3）违法行为与造成食物中毒事故或者其他食源性疾患之间有因果关系，也就是说，食物中毒事故或者其他食源性疾患是由于违法行为造成的，致害人才负有赔偿责任。

（4）致害人主观上存在过错，过错包括故意和过失。不论致害人主观上是故意还是过失，只要具有以上三个要件，致害人就应负损害赔偿责任。如果食物中毒事故或者其他食源性疾患及其他损害是由于受害人的过错如误食、误饮等，那么致害人不承担这部分损害的赔偿责任。

符合上述四个要件，致害人应当负损害赔偿责任，受害人也有权要求损害赔偿。损害赔偿包括医药费、误工工资、生活补助费、丧葬费、遗属抚恤费等。确定赔偿数额应以各种单据、医疗诊断证明等为依据，合情合理。

提出民事损害赔偿要求的程序，按民事诉讼法有关规定执行。

案例与问题解答

1. 无卫生许可证非法加工销售松子玉米

2003年1月，某市卫生执法人员在农贸市场进行日常监督检查时，发现一摊贩出售的松子玉米塑料包装袋上无生产日期、保质期、厂名、厂址，只有手机电话号码。执法人员根据线索，先在该市批发商店查获此类松子玉米26箱，后在某商店经理李某自家住宅内查获到加工窝点。经核查，李某自2003年1月3日起在未取得卫生许可证的情况下私自加工松子玉米，加工现场卫生设施不全，卫生状况恶劣。现场存有39桶尚未加工包装的松子玉米，部分已发霉变质。鉴于以上违法事实，该市卫生局依法对该加工窝点给予取缔，没收39桶松子玉米，追回尚未售出的34箱成品松子玉米，全部予以销毁；并给予罚款人民币3000元的行政处罚。

分析：《食品卫生法》第二十一条规定：“定型包装食品和食品添加剂，必须在包装标识或者产品说明书上根据不同产品分别按照规定标出品名、产地、厂名、生产日期、批号或者代号、规格、配方或者主要成分、保质期限、食用或者使用方法等。食品、食品添加剂的产品说明书，不得有夸大或者虚假的宣传内容。”第二十七条规定：“未取得卫生许可证的，不得从事食品生产经营活动。”本案中李某未取得卫生许可证，并在生产的卫生条件不具备的情况下，私自生产加工食品，且食品包装不符合法律的规定，所以理应受到相应的法律制裁。

2. 非法加工染色五香花生米

2004 年 4 月，某市开发区卫生执法人员在一市场进行日常卫生监督检查时发现，有几家批发商在经营染色五香花生米，引起了执法人员的注意。调查发现，开发区有 3 家此类产品加工厂，在利益的驱动下，违法使用一种叫“桃红”的工业用染料浸泡花生给予染色。且这 3 家单位均未取得卫生许可证，从业人员均未取得健康合格证，执法人员还现场查获了用于染色的桃红染料及染色的成品、半成品花生米 920 多千克。上述 3 家加工单位的行为严重违反了《食品卫生法》的有关规定，依法受到取缔、罚款、销毁其产品的处罚，共罚款 2600 元，销毁染色花生米。

分析：使用非食品原料生产加工食品会对食用者的身体健康和生命安全造成严重的威胁，因此，《食品卫生法》第九条规定，禁止用非食品原料加工食品。本案中 3 家食品加工厂，违反《食品卫生法》的规定，非法使用工业染料浸泡花生米，是一种严重的违法行为。同时这 3 家单位还未取得卫生许可证，因此受到取缔、罚款等处罚是理所应当的。

3. 无证加工猪头肉造成食物中毒

2003 年 12 月，某市卫生防疫站接到举报电话：某村有多人因食用猪头肉出现食物中毒症状。经调查，共发现11名患者，临床症状基本相似，为腹痛、恶心、呕吐、腹泻，腹泻为水样便。经询问，他们均食用过从集市上宋某处出售的猪头肉。检验人员现场采取相关样品。同时还查明宋某无有效卫生许可证和健康合格证明，加工场所及工具用具卫生极差。经化验，判定此次事故为一起变形杆菌性食物中毒。该市卫生局依法给予宋某取缔加工点并罚款的行政处罚。

分析:《食品卫生法》第二十六条规定:“食品生产经营人员每年必须进行健康检查；新参加工作和临时参加工作的食品生产经营人员必须进行健康检查，取得健康证明后方可参加工作。”第二十七条规定：“食品生产经营企业和食品摊贩，必须先取得卫生行政部门发放的卫生许可证方可向工商行政管理部门申请登记。未取得卫生许可证的，不得从事食品生产经营活动。”本案中宋某不仅没有有效的卫生许可证，也没有取得有效的健康证明，加工生产的卫生状况极差，造成多人食物中毒的后果，按照法律规定，应当予以严惩。

本讲引用的法律、法规和政策

1.《中华人民共和国食品卫生法》

（1995 年 10 月 30 日第八届全国人民代表大会常务委员会第十六次会议通过并公布施行）

2.《预防性健康检查管理办法》

（1995 年 6 月 2 日，卫生部令第 41 号颁布实施）

第六讲　计划生育

第一节　计划生育是我国的基本国策

一、计划生育是我国的基本国策

人口多，底子薄，是我国社会主义初级阶段的基本国情。人口过多始终是制约我国现代化建设的首要问题。因此，国家把实行计划生育确立为一项基本国策。我国自20世纪70年代初开始大力推行计划生育以来，经过全党全国人民的艰苦努力，人口与计划生育工作取得了举世瞩目的成就。在经济还不发达的情况下，有效地控制了人口的过快增长，完成了人口再生产类型从高出生、低死亡、高增长到低出生、低死亡、低增长的历史性转变，实现了低生育水平。多年来，国家坚持以宣传教育为主、避孕为主、经常性工作为主的“三为主”工作方针开展人口与计划生育工作，坚持现行计划生育政策不变，既定的人口控制目标不变，各级党政领导亲自抓、负总责不变，计划生育工作与发展经济、帮助农民勤劳致富、建设文明幸福家庭结合，努力实现计划生育工作思路和工作方法由以往仅就计划生育抓计划生育向与经济社会发展紧密结合，采取综合措施解决人口问题转变，由以社会制约为主向逐步建立利益导向和社会制约相结合，宣传教育、科学管理、综合服务相统一的机制转变。初步形成了较为完整的、经实践证明是行之有效的一系列方针政策、制度措施和管理办法，成功地探索了一条具有中国特色的综合治理人口问题的道路。

二、人口与计划生育的法制建设

自 20 世纪 70 年代末以来，我国的人口与计划生育工作就开始向法制化轨道迈进。《宪法》规定：国家推行计划生育，使人口的增长同经济和社会发展计划相适应；夫妻双方有实行计划生育的义务。《婚姻法》把计划生育作为一项基本原则加以规定。国务院各部委和各省、自治区、直辖市依据《宪法》和有关法律规定，先后制定了多部有关计划生育的部门规章、地方性法规和规章，对生育、节育、社会保障和技术服务、组织管理、奖惩制度等作了明确规定。卫生部于 1978 年修订了《节育手术常规》；同年 2 月，国务院计划生育领导小组、卫生部颁发了《关于提高节育手术质量的通知》，1983 年 12 月，卫生部颁发了《计划生育技术管理工作条例（试行）》、《女性节育手术并发症诊断标准（试行）》和《男性节育手术并发症诊断标准（试行）》。1986 年颁布了《妇幼卫生工作条例》，其中对计划生育技术指导作了专门规定。1992 年 12 月，卫生部发布了《计划生育技术工作管理办法》，1998 年 9 月，经国务院批准，国家计划生育委员会发布了《流动人口计划生育工作管理办法》。2001 年 12 月 29 日，第九届全国人民代表大会常务委员会第二十五次会议通过了《中华人民共和国人口与计划生育法》。这些法律、法规、规章的颁布与实施，使我国计划生育工作全面走上了法制化轨道。

第二节 稳定现行的生育政策

过去，国家的生育政策宣传得比较好，农民朋友对国家的生育政策也比较熟悉，但是，《人口与计划生育法》颁布实施后，有的群众有疑问，国家的生育政策是不是有了新的变化？要回答这个问题，首先必须了解一下法律对生育政策是如何规定的。

一、《人口与计划生育法》对生育政策的规定

《人口与计划生育法》根据我国的基本国情，从人口与经济、社会、资源、环境协调发展和可持续发展的需要出发，从维护广大人民群众的长远利益与根本利益并兼顾群众的眼前利益与现实利益出发，做出了“国家稳定现行生育政策”的规定，确定了我国现行的生育政策的法律地位。

《人口与计划生育法》对生育政策的规定主要有：“国家稳定现行生育政策，鼓励公民晚婚晚育，提倡一对夫妻生育一个子女。具体办法由省、自治区、直辖市人民代表大会或者其常务委员会规定。”具体来说是：

(1) 国家鼓励公民晚婚晚育。所谓“晚婚”就是指男女青年超过法定婚龄3年以上初次结婚。我国《婚姻法》规定，我国的法定婚龄为男22周岁，女20周岁，根据这个规定，我们可以推算出，男青年年满25周岁，女青年年满23周岁，双方初次结婚为晚婚。所谓“晚育”就是指已婚的公民在达到晚婚年龄后初次生育子女。

(2) 提倡一对夫妻生育一个子女。国家提倡一对夫妻生育一个孩子，不等于只能生育一个孩子。

（3）符合法律、法规规定条件的，可以要求安排生育第二个子女。具体办法由省、自治区、直辖市人民代表大会或者其常务委员会规定。法律、法规规定条件主要指地方的计划生育立法中关于再生育子女的条件规定，包括生育数量与生育间隔两个方面。

（4）少数民族也要实行计划生育，具体办法由省、自治区、直辖市人民代表大会或者其常务委员会规定。各地可以根据各少数民族人口发展的实际情况，遵循中央对少数民族和少数民族地区发展政策的精神，从当地社会经济发展的客观需要以及人口与经济协调发展目标来考虑，制定具体的少数民族生育政策。

二、对城镇居民的生育政策

《人口与计划生育法中》中没有明确规定城镇居民的具体生育政策，但各地的计划生育条例或政府规章依据国家确定的生育政策，针对城镇居民作了具体规定。城镇居民的生育政策主要是：鼓励公民晚婚晚育，提倡一对夫妻只生育一个孩子，若干特殊情况可以照顾生育第二个孩子。这些特殊情况包括：第一个孩子为非遗传性残疾，不能成长为正常劳动力的；无子女，依法收养一个孩子后又怀孕的；夫妻双方均为独生子女的；再婚夫妻一方生育过一个子女，另一方未生育的；夫妻双方系归国华侨的；夫妻一方为甲级或乙级以上残废军人的等。

三、对农业户籍人员的生育政策

《人口与计划生育法》中没有直接对农业户籍人员的生育政策做出具体规定，但是各省、自治区、直辖市在自己的计划生育条例或政府规章中，依据国家法律确定的生育政策，对农业户籍人口的生育政策做出了具体的规定。因此，农民朋友除了要掌握《人口与计划生育法》中关于生育政策的规定外，还要了解本地区对于农业户籍人口生育政策的规定。从各省（市、区）的计划生育条例或政府规章来看，对农业户籍人员的生育政策的规定主要有三种：①一对夫妻只生育一个孩子，同时严格按照规定条件照顾生育第二个孩子；②照顾独女户生育两个孩子，即除适用非农业人口几种特殊情况可以照顾生育第二个孩子外，允许独女户间隔几年后再生育一个孩子；③普遍允许农村地区有计划生育两个孩子，实行这一政策的，多是边远、贫困地区。

另外，根据各地计划生育条例或政府规章，目前全国有20多个省（自治区、直辖市）明确规定，夫妻双方都是独生子女的可以生育两个孩子，这条规定对于农业户籍人口也同样适用。

四、对再婚人员的生育政策

各地计划生育条例或政府规章对再婚人员的生育政策都做出了具体规定。绝大多数省（自治区、直辖市）规定，再婚夫妻再婚前一方只生育过一个孩子，另一方初婚或未生育过的，可以再生育一个孩子；一些省（自治区）规定，因丧偶而再婚的夫妻，再婚前丧偶一方子女不超过两个，一方无子女的，可以再生育一个孩子；一些省（自治区、直辖市）还规定，再婚夫妻再婚前双方各生育一个孩子，再婚后的家庭无子女或只有一个子女的，可以再生育一个孩子等。

五、对少数民族的生育政策

《人口与计划生育法》明确规定，少数民族也要实行计划生育，并授权各省、自治区、直辖市人民代表大会或者其常务委员会做出具体规定。目前各地制定的少数民族生育政策，是根据中央精神，结合少数民族地区经济、社会发展现状以及各少数民族人口发展状况、风俗习惯等制定的，基本上采取了照顾政策。一般规定，人口在 1000 万以下的少数民族人口可以生育两个孩子；边境和人口较少的少数民族人口可以有间隔的生育三个孩子。但西藏自治区对少数民族农牧民未做具体生育数量的限制规定。

六、收养与计划生育

现实中，存在一种现象，有些夫妻希望再生育子女，但不符合法律、政策规定的条件，便通过送养子女的方式，再生育子女。对于这种现象，我国《收养法》明确规定："收养不得违背计划生育的法律、法规"；"送养人不得以送养子女为理由违反计划生育的规定再生育子女。"

七、病残儿鉴定

根据现行的生育政策的规定，子女有明显伤残或患有严重疾病，符合法律、法规规定条件的，可以安排再生育。因此，凡认为其子女有明显伤残或患有严重疾病，要求生育第二胎的，均要申请病残儿医学鉴定，鉴定结果确实符合法定条件的，才能安排再生育。需要办理的手续主要有：

（1）提出书面申请。申请病残儿鉴定原则上应向女方单位和女方户籍所在地的村（居）民委员会提出书面申请，并提交户口簿、有关病史资料及县级以上人民政府计划生育行政部门规定的其他资料。

（2）单位和村（居）民委员会进行初审后出具书面意见，加盖公章，并在20个工作日内报女方户籍所在地的乡（镇、街道）计划生育管理部门。

（3）乡（镇、街道）计划生育管理部门进行再次核实后签署意见，加盖公章，并在20个工作日内报县级计划生育行政部门。

（4）县级计划生育行政部门负责审查后签署意见，加盖公章，于鉴定日前30个工作日内将所有材料报设区的市级计划生育行政部门。设区的市级计划生育行政部门根据情况组织医学专家进行医学鉴定。

（5）当事人对医学鉴定有异议的，可以向省、自治区、直辖市人民政府计划生育行政部门申请再鉴定，省、自治区、直辖市人民政府计划生育行政部门组织的医学鉴定为终局鉴定。

第三节　计划生育中公民的权利和义务

过去国家实行计划生育，更多的是强调公民的义务，比如，《婚姻法》第十六条规定“夫妻双方都有实行计划生育的义务”，但是对公民在计划生育中的权利却很少提及。《人口与计划生育法》明确了公民享有生育的权利，体现了公民权利和义务的统一。所以，农民朋友在实行计划生育时，不仅要清楚和遵守自己的义务，同时还要摆脱过去的旧观念，知道自己也享有相应的权利，并努力争取和实现自己的权利。

一、公民享有的计划生育、生殖健康权利

生育权利是受到国家法律保护的公民享有的基本权利。《人口与计划生育法》明确规定了公民实行计划生育应享有的若干权利，包括享有生殖保健、男女平等、避孕方法的知情选择、健康与安全保障的权利等。从权利的角度，与公民的生育权相关的有：

（1）依法生育的权利。

（2）实行计划生育男女平等的权利。

（3）获得计划生育、生殖健康信息和教育的权利。

（4）获得避孕节育技术和生殖保健服务的权利。

（5）获得知情选择安全、有效、适宜的避孕节育措施服务的权利。

（6）获得法律、法规和政府规章规定的奖励、优待、社会福利、社会保障、社会救助的权利和平等发展的权利。

（7）公民实行计划生育，其人身权利、财产权利不受侵害的权利。

（8）公民有获得法律救济的权利。

二、正确认识和行使自己的生育权利

《人口与计划生育法》第十七条规定："公民有生育的权利"。这就明确了生育是公民的一项基本权利。但是，权利不能无限制地任意行使，公民在行使自己的生育权利的同时，必须遵守国家法律、法规的有关规定，即必须履行一定的义务。我国宪法规定，任何公民既享有宪法和法律规定的权利，同时必须履行宪法和法律规定的义务。因此，公民在行使自己的生育权利的同时，还要遵守有关的法律规定，如

《人口与计划生育法》、《母婴保健法》、《婚姻法》等，还要遵守计划生育行政法规、规章和地方计划生育条例等。

三、正确行使自己的避孕节育措施知情选择权利

避孕节育措施的知情权的权利，是指国家通过提供充分有效的计划生育和避孕方法信息，介绍各种避孕方法的效果、优缺点和适应对象，使需要采取避孕措施的育龄群众在充分了解情况基础上（包括避孕方法情况、本地提供服务的情况、自身情况等），自主、自愿而且负责任地做出决定，选择安全、有效、适宜的避孕措施。

知情选择不等于“自由选择”，它要求计划生育技术服务机构和人员，不仅本身要做到充分考虑服务对象的健康状况、劳动强度及其所处的生理时期，对育龄群众提供适宜的避孕节育服务；同时，还要首先帮助群众充分了解现行各种避孕和生殖保健方法的安全性、有效性、禁忌性、适应性、优缺点、使用方法、注意事项、副作用及其处理方法，以及自身的生理、心理特点，使其在计划生育技术服务人员的指导下，负责任的选择适合于自己的避孕节育方法。

四、公民实行计划生育应承担的义务

《人口与计划生育法》中对公民实行计划生育的义务做了以下规定：

（1）公民有按照法律、法规规定的条件依法规范生育行为的义务。

（2）夫妻双方共同承担实行计划生育的义务。

（3）公民有自觉落实避孕节育措施，接受计划生育技术服务指导的义务。

（4）违反法律、法规规定条件生育子女的公民，有依法缴纳社会抚养费的义务。

（5）公民有协助政府开展人口与计划生育工作的义务。

（6）法律、法规规定的其他义务。

五、公民生育应当遵守的条件

关于公民生育应当遵守的法律、法规的规定，不仅体现在《人口与计划生育法》中，还包括在《婚姻法》、《母婴保健法》及地方计划生育条例中。概括起来，主要包括以下条件：

（1）准备结婚的男女双方要进行婚前医学检查。

（2）依法结婚后始得生育。

（3）对于患有医学上认为不宜生育的遗传性疾病和其他危及下一代健康的疾病，应当遵从医学指导建议，如采取有效的避孕节育措施，已怀孕的，应当终止妊娠。

（4）禁止非医学需要的胎儿性别鉴定和选择性人工流产。

（5）要求生育第二个孩子的，应提出申请，符合法律、法规规定条件的，可以安排生育第二胎。

六、夫妻双方共同承担实行计划生育的义务

我国的传统观念认为，生儿育女是妻子的事情，因此，实行计划生育也是妻子的事，与丈夫无关。在我国的农村地区，这种观念尤其根深蒂固。《人口与计划生育法》第十七条规定：“夫妻双方在实行计划生育中负有共同的责任”，明确了不能把计划生育看成是哪一方的事，更不能仅看成是妻子一方的事，而是夫妻双方共同的义务。夫妻双方要互相支

持，自觉执行计划生育法律、法规，主动落实避孕节育措施。在当前，应当鼓励男性积极参与计划生育，主动承担避孕节育措施的落实。

夫妻双方在实行计划生育中负有共同的责任，主要包含以下几层含义：

（1）夫妻双方地位平等，双方都有要求实行计划生育的权利，也有实行计划生育的义务。

（2）夫妻有同等的参与权、决定权，强调妻子不仅仅是处于受支配地位。

（3）夫妻要共同支持，平等协商，自觉执行计划生育法律、法规。

（4）生育控制的责任不只在女性，男性不仅应积极支持女性采取避孕措施，自身也应当积极地承担起避孕节育措施的责任。

第四节 计划生育技术服务

我国的计划生育技术服务工作，是伴随着计划生育事业的发展而逐步发展起来的。早在上个世纪 50 年代，党和政府提出节制生育的同时，就开始了外用避孕药具的研制工作。70 年代末到 80 年代初，我国随着计划生育工作的全面推行，基层计划生育服务网络也随之逐步形成。90 年代计划生育工作进入稳定发展阶段，形成了一个比较完整的计划生育技术服务体系。现在全国共有县计划生育服务站 2300 多个，乡计划生育服务所 30000 多个，技术人员 12 万人，为落实计划生育的基本国策提供了有力的组织保证，在计划生育工作中发挥着越来越重要的作用。2001 年，国务院发布了《计划生育技术服务管理条例》，进一步将计划生育技术服务工作纳入了正规化、法制化的轨道。

一、育龄夫妻要接受计划生育技术服务

已婚育龄夫妻落实避孕节育措施，接受计划生育技术服务指导，是实行计划生育的重要手段、控制人口增长的重要环节。“避孕节育措施”包括绝育术、放置宫内节育器、皮下埋植等长效措施，也包括了非意愿妊娠后应当自觉采取终止妊娠的补救措施。规定育龄夫妻要接受计划生育技术服务的指导，是从实行计划生育要有利于保护育龄群众身心健康的、安全的角度做出的规定。这一规定既明确了接受计划生育技术服务指导是公民的一项义务，防止非意愿妊娠，避免和减少人工流产，也从另一个侧面反映了计划生育技术服务机构及其人员有责任为育龄群众提供有效、适宜的指导。

二、计划生育技术服务的内容

根据《计划生育技术服务管理条例》的规定，计划生育技术服务包括计划生育技术指导、咨询以及与计划生育有关的临床医疗服务。

计划生育技术指导、咨询包括下列内容：

（1）生殖健康科普宣传、教育、咨询。

（2）提供避孕药具及相关的指导、咨询、随访。

（3）已经施行避孕、节育手术和输卵（精）管复通手术的，提供相关的咨询、随访。

县级以上城市从事计划生育技术服务的机构可以在批准的范围内开展下列与计划生育有关的临床医疗服务：

（1）避孕和节育的医学检查。

（2）计划生育手术并发症和计划生育药具不良反应的诊断、治疗。

（3）施行避孕、节育手术和输卵（精）管复通手术。

（4）开展围绕生育、节育、不育的其他生殖健康项目。

三、实行计划生育的育龄夫妻可以免费享受的计划生育技术服务

《人口与计划生育法》第二十一条规定:“实行计划生育的育龄夫妻免费享受国家规定的基本项目的计划生育技术服务。”并规定经费的解决渠道是“按照国家有关规定列入财政预算或者由社会保险予以保障。”根据有关规定，“基本项目”的计划生育技术服务范围一般包括：避孕药具、放置和取出宫内节育器、绝育术、人工终止妊娠术、技术常规规定的各项医学检查、计划生育手术并发症的诊治等。

四、政府应该为公民提供计划生育、生殖保健技术服务的措施

各级人民政府应当积极采取以下几项措施，为育龄群众提供计划生育、生殖保健技术服务，提高公民生殖健康水平:

（1）坚持宣传教育为主，避孕为主，经常性工作为主，预防和减少非意愿妊娠。从事计划生育技术服务的机构应当在各自的职责范围内，针对育龄群众开展人口与计划生育基础知识教育，对已婚育龄妇女开展孕情检查、随访服务工作，保障公民知情选择安全、有效、适宜的避孕节育措施。

（2）依靠科技进步，继续研究开发计划生育、避孕节育的技术和方法，在提高现有避孕药具质量的同时，抓紧研制新的更为安全、有效、简便、经济的避孕药具，以形成一

个种类比较齐全，方法多样，可供群众选择的避孕节育技术系列，满足育龄群众多方面、多层次的需求。

（3）向实行计划生育的育龄夫妻免费提供国家规定的基本项目的计划生育技术服务。其所需经费，按照国家有关规定列入财政预算或者由社会保险予以保障。中央财政对西部困难地区给予适当补助。向实行计划生育的育龄夫妻免费提供避孕、节育技术服务。

（4）进一步建立、健全由计划生育技术服务机构和从事计划生育技术服务的医疗、保健机构组成的计划生育技术服务网络。各级政府要加强对计划生育技术服务工作的领导，将计划生育技术服务工作纳入本级国民经济、社会发展和区域卫生规划，并负责本行政区域内计划生育技术服务网络的规划、建设和管理工作。

（5）开展以技术服务为重点的优质服务。坚持以人为本，以提高群众自我保健意识和自我保健能力为重点，丰富科普宣传内容，把宣传教育与咨询服务结合起来，提高科普宣传的针对性和有效性；积极推行避孕方法的知情选择，扩大计划生育技术服务领域，把技术服务从单纯的落实节育措施扩展到避孕节育全程服务、优生优育服务、生殖保健服务；建立科学的管理和服务规范，把群众的满意程度作为重要标准，改进和完善考核评估体系和考核评估方法。

第五节　奖励和社会保障

一、实行计划生育的夫妻可以得到奖励

《人口与计划生育法》第二十三条、第二十五条、第二十六条、第二十七条、第二十八条，从不同的方面对实行计划生育的夫妻、家庭规定了相关的奖励政策：

1. 晚婚晚育的奖励

“公民晚婚晚育，可以获得延长婚假、生育假的奖励或者其他福利待遇。”主要是指晚育的公民可以享受在国家规定的基本婚假、生育假基础上延长婚假、生育假或者其他福利的奖励，具体天数和福利待遇还要由各地根据情况制定。

2. 生育和实行计划生育手术享受的待遇和奖励

妇女怀孕、生育和哺乳期间，按照国家有关规定享受特殊劳动保护并可以获得帮助和补偿。公民实行计划生育手术，享受国家规定的休假；地方人民政府可以给予奖励。我国的《妇女权益保障法》《劳动法》《女职工劳动保护规定》等法律、法规以及部门规章对此均有明确规定。公民实行计划生育手术，享受国家规定的休假，主要是指按照卫生部、国家人口与计划生育委员会《节育手术常规》中的各种节育手术后假期的建议休假。按照这个规定，放置宫内节育器休 2 天；取宫内节育器休 1 天；输精管绝育术休 7 天；单纯输卵管绝育术休 21 天，等等。各地在此基础上还提出了符合本地、本单位实际的休假天数。

3. 对独生子女父母的奖励

对领取《独生子女父母光荣证》的夫妻，可获得独生

子女父母奖励费；增加产假和护理假；其独生子女优先入托、入学、就医；优先分配住房、安排宅基地、承包土地；优先安排就业以及养老等方面给予照顾。对终生只生育一个子女的夫妻的奖励措施由其所在单位执行并落实。独生子女意外伤残、死亡，其父母不再生育和收养的，地方人民政府应当采取多种形式提供帮助，如，增加一定数额的退休金、一次性补助、享受五保待遇、或将其纳入社会保险、社会救济，等等。

4. 对农村实行计划生育的家庭给予优先优惠待遇

把计划生育与发展经济、扶贫开发等结合起来，针对农村的实际情况，在政策、项目、资金、技术等方面向实行计划生育的农户倾斜。在发展经济时，给予资金、技术、培训等方面的支持、优惠；尤其对实行计划生育的贫困家庭，扶贫贷款、以工代赈、扶贫项目和社会救济等方面给予优先照顾。

二、有利于计划生育的社会保障制度

社会保障制度一般包括社会保险、社会救济和社会福利三个方面：

1. 基本养老保险

目前，我国实行由国家、企业和个人共同负担养老保险金费用的办法，建立社会统筹与个人帐户基金。基本养老保险可体现对实行计划生育的退休职工的适当奖励。一些地方计划生育条例规定，对实行计划生育的退休职工加发5%的养老金；也有的地方对实行计划生育的退休职工一次性发放计划生育奖励退休金。

2. 基本医疗保险

按照有关规定，基本医疗保险要把城镇职工计划生育手术并发症的治疗费用纳入基本医疗保险基金支付范围；在没有开展生育保险的地区，要把城镇职工计划生育手术费用纳入基本医疗保险统筹基金支付范围，以保障城镇职工落实计划生育手术的基本医疗和安全需要。

3. 生育保险

生育保险一般是指国家和社会对生育、节育的职工给予必要的经济补偿和医疗保健的社会保险制度。1994 年原劳动部制定的《企业职工生育保险试行办法》，确立了生育保险按属地原则组织。

4. 社会福利制度

通过免（减）费提供某种生活用品、服务或现金补贴，保障个人和整个社会的生存需要，改善人们的生活，使个人和社会有发展的可能。为鼓励公民实行计划生育，国家免费提供基本项目的计划生育技术服务、发放独生子女父母奖励费等诸多计划生育奖励项目都是社会福利的一部分。

5. 商业保险

《人口与计划生育法》提出，国家鼓励保险公司举办有利于计划生育的保险项目。如，开展养老保险、独生子女两全保险、计划生育手术平安保险等有利于计划生育的险种。

6. 农村养老保险

《人口与计划生育法》对农村养老保险基本原则和思路做出了规定。特别强调在开展农村养老保险工作时，第一，要坚持政府引导、农民自愿的原则，不得强行要求农民参加养老保险；第二，要坚持多种形式的原则，鼓励农民参加商业保险、养老储蓄、“绿色保险”等；第三，要坚持有条件的原则，必须从当地实际出发，不搞“一刀切”。

三、政府部门承担的保障公民合法权益行使的责任

《人口与计划生育法》及其他相关的法律规定了政府应当保障公民生育权利和生殖健康合法权益的实现。政府部门的责任主要体现在五个方面：

（1）保障公民生育权的行使。法律明确规定，公民有生育权利，也有依法实行计划生育的义务。政府部门尤其是各级计划生育部门应当保障公民生育权的行使，尤其是对于那些符合再生育条件的夫妻，应当在规定时间内予以审批。

（2）指导、保障公民避孕节育知情选择权。《人口与计划生育法》第十九条规定：“国家创造条件，保障公民知情选择安全、有效、适宜的避孕节育措施。实施避孕节育手术，应当保证受术者的安全。”法律还规定计划生育技术服务机构和医疗保健机构应当在各自的职责范围内开展孕情检查、随访服务工作，承担计划生育、生殖保健咨询、指导和技术服务，计划生育技术服务人员有责任、有义务指导实行计划生育的公民选择安全、有效、适宜的避孕节育措施。

（3）对实行计划生育的夫妻应当免费提供基本项目的计划生育技术服务，其经费由财政预算或者社会保险予以保障。

（4）国家对于实行计划生育的夫妻按照规定给予优待、奖励，并建立相应的社会保障制度。

（5）建立婚前保健、孕产期保健制度，防止或者减少出生缺陷，使育龄夫妻能够生育健康的孩子，提高婴儿健康水平，增进家庭幸福。

第六节 流动人口计划生育管理

随着社会的发展，人们逐步告别了土地的束缚，人口的流动越来越频繁。目前，流动人口占全国总人口的比例已达十分之一，其中处于育龄期，特别是已婚育龄人员占很大比例，这部分人群执行计划生育法律和政策的情况，对于有效控制人口增长有着重要影响。因此，流动人口的计划生育管理成为整个计划生育管理工作的重要组成部分。为了加强流动人口计划生育管理工作，维护流动人口的合法生育权益，有效地控制人口增长，经国务院批准，1998 年 9 月 22 日国家计划生育委员会发布了《流动人口计划生育工作管理办法》，自 1999 年 1 月 1 日起开始施行。在现有的国内流动人口中，离开原户籍所在地前往城市经商务工的农村居民中有很大部分人处于育龄期。因此，在农村普及流动人口计划生育管理的有关规定很有必要。

一、《流动人口计划生育工作管理办法》的法律效力和适用范围

《流动人口计划生育工作管理办法》是由国务院批准，授权国家计划生育委员会发布实施的，其在法律效力上属于行政法规。

《流动人口计划生育工作管理办法》适用于现居住地不是户籍所在地，异地从事务工、经商等活动或者以声音为目的异地居住，可能生育子女的已婚流动人员。

二、流动人口计划生育工作的管理原则

《流动人口计划生育工作管理办法》规定的管理原则

是：流动人口的计划生育工作由其户籍所在地和现居住地的人民政府共同负责管理，以现居住地为主。

“共同管理”包含两层意思：一是流动人口户籍所在地人民政府与现居住地人民政府共同管理；二是各有关部门和单位、个人要配合计划生育部门实现共同管理。

“以现居住地为主”的原则，主要是因为流动人口的生活、工作主要是在现居住地进行，其劳动贡献、纳税也是为现居住地作出的。所以，现居住地人民政府应当对其承担主要的管理与服务责任。而且，由于流动人口不仅限于省内流动，相当一部分是跨省流动，有些流动人口现居住地与其户籍所在地相距遥远，对其计划生育管理工作，户籍所在地难及时掌握信息并提供日常管理与服务。而由现居住地负责计划生育日常管理与服务，同户籍所在地比较，相对容易和现实，同时也是便民原则的体现。

三、流动人口流出地和流入地计划生育工作责任的划分

（1）户籍所在地在流动人口流出前，应当做好对流动人口的计划生育宣传，为落实避孕节育措施的流动人口落实必要的措施，对违反计划生育的人员按照当地法规进行处理，为成年流动人口（18～49周岁）办理《流动人口婚育证明》等。在流动人口流出后，做好与其现居住地建立信息互通的联系制度，为符合计划生育规定、要求生育的流动人口办理生育服务证，为领取《独生子女父母光荣证》的流动人口发放独生子女父母奖励，按照规定为在其现居住地采取避孕节育措施的流动人口报销手术费用等。

（2）现居住地在流动人口到达后，应当做好查验其《流动人口婚育证明》，对已婚育龄流动人口予以登记并告

知其户籍所在地，要求《流动人口婚育证明》不完备的流动人口返其户籍所在地进行补办，将流动人口中的已婚育龄妇女纳入常住人口的计划生育管理，对进行避孕节育情况检查的流动人口出具证明，与其户籍所在地建立信息联系。一般情况下，对常住地和户籍地分离半年以上的流动人口由现居住地进行计划生育统计。

现居住地的有关部门在审批成年流动人口的暂住证、务工许可证等证照时，应当首先核查其婚育证明，对持有婚育证明而未经现居住地的乡（镇）人民政府或者街道办事处查验的，应要求其先去交验证明；有关部门要将审批成年流动人口有关证照的结果，及时通报当地的乡（镇）人民政府或者街道办事处；对没有婚育证明的不予批准有关证照。

四、《流动人口婚育证明》的有关规定

（1）按照《流动人口计划生育管理办法》的规定，离开户籍所在地人员在下列情况下须办理《流动人口婚育证明》：

①离开户籍所在地（离开地级以上市的区是否需要办理《婚育证明》，由各省、自治区、直辖市根据实际情况自行确定）。

②拟在异地居住 30 日以上。

③年龄在 18 周岁至 49 周岁之间。

④从事务工、经商等活动（探亲、访友、就医、上学、出差等除外）。

（2）申领《流动人口婚育证明》，应当填写《办理〈流动人口婚育证明〉申请表，并向发证机关提交以下证明材料：

①本人的《居民身份证》。

②村（居）委会或者所在单位出具的婚育情况证明。

③本人近期一寸正面免冠照片两张。

④已生育子女的，还应当提交由施术单位或者计划生育部门出具的避孕节育情况证明；计划外生育的，还应当提交处理执行情况证明。

（3）有下列情况之一的，发证机关应当暂缓办理或者不予办理《流动人口婚姻证明》，并说明理由：

①申请人未按规定提交有关证明材料的。

②申请人计划外生育而拒绝执行对其处理决定的。

③申请人弄虚作假、隐瞒婚育真实情况的。

（4）没有办理《流动人口婚育证明》的成年流动人口应当凭合法的婚姻、身份证件及暂住地乡（镇）人民政府或者街道办事处出具的对其暂住期间计划生育情况的证明，由本人或委托他人到户籍所在地县人口与计划生育行政管理部门或者乡（镇）人民政府、街道办事处补办手续。

《流动人口婚育证明》丢失的应当向原发证机关申请补办并注销原《流动人口婚育证明》。

流动人口婚育情况发生变更的，持证人应当在 30 日内到现居住地验证机关办理变更登记；并由本人在 3 个月内到原发证机关办理变更登记手续，或者以其他形式告知原发证机关。

（5）《流动人口婚育证明》的使用有效期为 3 年，有效使用期限截止前，持证人应到本人户籍所在地的发证机关换领新的《流动人口婚育证明》。

（6）办理《流动人口婚育证明》可收取工本费，收费标准每证最高不得超过 5 元。不得高收费、乱收费、搭车收费。

（7）流动人口应当在到达现居住地 15 日内，到当地乡（镇）人民政府或者街道办事处交验《流动人口婚育证明》。

五、流动人口在计划生育方面的权益

（1）享有凭合法生育证明在现居住地生育子女的权利。

（2）有获得避孕节育有关服务的权利。

（3）提交现居住地乡（镇）人民政府或者街道办事处出具的有效证明后，有不必回户籍所在地参加避孕节育情况检查的权利。户籍所在地在了解已婚育龄流动人口避孕节育情况后，不得再要求其回户籍所在地接受避孕节育情况检查。

（4）流动人口中的独生子女父母有获取奖励的权利。

（5）有用工单位的已婚育龄流动人口的节育手术费应由用工单位予以支付；无用工单位的先由本人支付，凭其现居住地乡（镇）人民政府或者街道办事处证明，由本人在其户籍所在地的乡（镇）人民政府或者街道办事处报销。

（6）已婚育龄流动人口因违反计划生育规定在一地受到处理的，在另一地不得因同一事实再次受到处理。

六、已婚育龄流动人口拟在现居住地生育子女必须办理生育证明

按照《流动人口计划生育管理办法》的规定，已婚育龄流动人口如果要在现居住地生育子女，应当回户籍所在地有关部门办理生育证明材料。这是因为，已婚育龄流动人口虽然未在户籍所在地居住，但对其执行的生育政策仍然是户籍所在地计划生育条例规定的生育政策；流动人口户籍所在

地的县人口与计划生育部门或者乡（镇）人民政府、街道办事处应当按照当地有关规定，给予办理生育证明材料，无正当理由的，不得拖延办理或者拒绝办理。

七、违反《流动人口计划生育管理办法》有关规定的法律责任

（1）伪造、出卖或者骗取《流动人口婚育证明》的，由县级以上地方人民政府人口与计划生育行政管理部门予以警告，可以并处1000元以下罚款；有违法所得的，没收违法所得，可以并处违法所得3倍以下的罚款；构成犯罪的，依法追究刑事责任。

（2）不按照规定办理婚育证明，经其现居住地的人口与计划生育行政管理部门通知后，逾期仍拒不补办或者拒不交验婚育证明的，予以警告，可以并处500元以下罚款。

（3）无正当理由拒绝为成年流动人口办理婚育证明或者为其出具假证明的，由当地县级以上地方人民政府人口与计划生育行政管理部门责令改正，并可建议有关部门对直接责任人员依法给予行政处分。

（4）流动人口对计划生育行政处罚不服的，可以在收到《处罚通知书》之日起15日内依法向作出决定机关的上一级机关申请行政复议或者向有管辖权的人民法院提起行政诉讼。

（5）流动人口认为符合办理《流动人口婚育证明》条件而发证机关没有依法办理的，可以依法申请行政复议或者提起行政诉讼。

案例与问题解答

1. 计划外生育应缴纳社会抚养费

某县城镇居民黄某夫妇育有一女，由于黄某一直觉得没有生儿子，感觉自己“无后”。2003 年，黄某妻子再次怀孕，黄某认为这是一次机会，于是他与妻子千方百计躲避计划生育工作人员，并在未取得生育计划的情况下产下一女。后黄某夫妇的行为被当地居民告发。县计划生育部门调查后认为，黄某夫妇不具备照顾生育第二胎的条件，于是对黄某夫妇作出依法征收社会抚养费25000 元的决定。

分析：根据我国现行的生育政策，对城镇居民提倡一对夫妇只生育一个孩子，若干特殊情况可以照顾生育第二个孩子。这些特殊情况包括：第一个孩子为非遗传性残疾，不能成长为正常劳动力的；无子女，依法收养一个孩子后又怀孕的；夫妻双方均为独生子女的；再婚夫妻一方生育过一个子女，另一方未生育的；夫妻双方系归国华侨的；夫妻一方为甲级或乙级以上残废军人的等。黄某夫妇进行计划外生育，依照法律应当缴纳社会抚养费。

2. 非法从事计划生育技术服务致人死亡

农民孙某在本乡开设了一家个体诊所，并对外宣传诊所从事人工流产。由于该诊所条件十分简陋，且孙某的医疗技术水平很低，结果导致前来进行人工流产的孕妇张某失血过多死亡。后经查明，孙某本人并不具备执业医师资格，更不具备从事计划生育技术服务的资格。县卫生和计划生育部门依法对孙某的个体诊所予以取缔，孙某本人也因犯非法行医罪被判处有期徒刑12年。

分析：《计划生育技术服务管理条例》第二十六条规定："计划生育技术服务人员中依据本条例的规定从事与计划生育有关的临床服务人员，应当依照执业医师法和国家有关护士管理的规定，分别取得执业医师、执业助理医师、乡村医生或者护士的资格，并在依照本条例设立的机构中执业。"还规定"个体医疗机构不得从事计划生育手术"。第三十一条规定："计划生育技术服务机构或者医疗、保健机构以外的机构或者人员违反本条例的规定，擅自从事计划生育技术服务的，由县级以上地方人民政府计划生育行政部门依据职权，责令改正，给予警告，没收违法所得和有关药品、医疗器械；违法所得5000元以上的，并处违法所得二倍以上五倍以下的罚款；没有违法所得或者违法所得不足5000元的，并处5000元以上2万元以下的罚款；造成严重后果，构成犯罪的，依法追究刑事责任。"孙某未取得执业医师资格而私自开设诊所，并擅自从事计划生育技术服务，造成被害人死亡的严重后果，理应受到法律的严惩。

本讲引用的法律、法规和政策

1.《中华人民共和国宪法》

（1982 年 12 月 4 日第五届全国人民代表大会第五次会议通过，1982 年 12 月 4 日公布施行，1988 年、1993 年、1999 年、2004 年修正）

2.《中华人民共和国婚姻法》

（1980 年 9 月 10 日第五届全国人民代表大会第三次会议通过根据 2001 年 4 月 28 日第九届全国人民代表大会常务委员会第二十一次会议《关于修改〈中华人民共和国婚姻法〉的决定》修正，2001 年 4 月 28 日施行）

3.《中华人民共和国人口与计划生育法》

（2001 年 12 月 29 日第九届全国人民代表大会常务委员会第二十五次会议通过，2002 年 9 月 1 日施行）

4.《中华人民共和国母婴保健法》

（1994 年 10 月 27 日第八届全国人民代表大会常务委员会第十次会议通过，1995 年 6 月 1 日施行）

5.《中华人民共和国收养法》

（1991 年 12 月 29 日第七届全国人民代表大会常务委员会第二十三次会议通过，1998 年 11 月 4 日第九届全国人民代表大会常务委员会第五次会议修改）

6.《计划生育技术服务管理条例》

（2001 年 6 月 13 日国务院令第 309 号发布，2004 年修订）

7.《社会抚养费征收管理办法》

（2002 年 8 月 10 日国务院令第 357 号发布，2002 年 9 月 1 日施行）

8.《节育手术常规》

（1984 年 2 月 1 日卫生部、国家计划生育委员会发布实施）

9.《妇幼卫生工作条例》

(1986 年 4 月 20 日卫生部发布实施)

10.《流动人口计划生育工作管理办法》

(1998 年 9 月 22 日国家计划生育委员会令第 1 号发布，1999 年 1 月 1 日施行)

11.《企业职工生育保险试行办法》

(1994 年 12 月 14 日劳动和社会保障部劳部发 [1994] 504 号发布，1995 年 1 月 1 日施行)

第七讲　母婴保健

第一节　概　述

母亲和儿童受国家保护，是我国宪法中的规定，为了将这一宪法精神落到实处，保障母亲和婴儿的健康，提高出生人口素质，从上个世纪 80 年代以来，我国制定了一系列有关优生、母婴保健的法律、法规。如 1980 年通过的《婚姻法》，1994 年制定的《妇女权益保障法》，1986 年民政部公布的《婚姻登记办法》，卫生部颁发的《妇幼卫生工作条例》，卫生部和民政部联合发布的《关于婚前健康检查问题的通知》，卫生部颁发的《婚姻保健工作常规》、《异常情况的分类指导标准（试行）》等。许多省、市还颁布了有关的地方性法规，为全国性的统一立法打下了基础。1994 年 10 月 27 日，第八届全国人民代表大会常务委员会第十次会议通过了《中华人民共和国母婴保健法》（以下简称《母婴保健法》），自 1995 年 6 月 1 日起实施。这是建国以来对母亲和婴儿健康保护的最重要的一部法律，它是宪法对人民健康和对妇女、儿童保护原则规定的具体化，是保障下一代健康、强化妇幼保健工作、维护妇女权益的重要立法。为了更好地贯彻实施《母婴保健法》，同年 8 月国务院发布了《中华人民共和国母婴保健法实施办法》。《母婴保健法》及其实施办法的颁布实施，对于发展我国妇幼卫生事业，改善农村和边远贫困地区妇女儿童健康状况，提高全民族人口素质，促进家庭幸福和社会进步，都具有及其重要的意义。

第二节　婚前保健

一、婚前保健服务

《母婴保健法》规定，医疗保健机构应当为公民提供婚前保健服务。婚前保健服务包括下列内容：

1. 婚前卫生指导

包括关于性卫生知识、生育知识和遗传病知识的教育。指导的内容具体有：

（1）有关性卫生的保健和教育。

（2）新婚避孕知识及计划生育指导。

（3）受孕前的准备、环境和疾病对后代影响等孕前保健知识。

（4）遗传病的基本知识。

（5）影响婚育的有关疾病的基本知识。

（6）其他生殖健康知识。

2. 婚前卫生咨询

对有关婚配、生育保健等问题提供医学意见。医师进行婚前卫生咨询时，应当为服务对象提供科学的信息，对可能产生的后果进行指导，并提出适当的建议。

3. 婚前医学检查

对准备结婚的男女双方可能影响结婚和生育的疾病进行医学检查。

二、婚前医学检查

在实行婚前医学检查的地区，准备结婚的男女双方在办理结婚登记前，应当到医疗、保健机构进行婚前医学检查。

1. 婚前医学检查的机构

从事婚前医学检查的医疗、保健机构，由其所在地设区的市级人民政府卫生行政部门进行审查；符合条件的，在其《医疗机构执业许可证》上注明。

申请从事婚前医学检查的医疗、保健机构应当具备下列条件：

(1) 分别设置专用的男、女婚前医学检查室，配备常规检查和专科检查设备。

(2) 设置婚前生殖健康宣传教育室。

(3) 具有符合条件的进行男、女婚前医学检查的执业医师。

农村地区的医疗、保健机构一般条件比较差，农民朋友在选择婚前医学检查机构时，最好选择符合以上条件的医疗、保健机构。

2. 婚前医学检查的内容

婚前医学检查包括下列疾病：

(1) 严重遗传性疾病。指由于遗传因素先天形成，患者全部或者部分丧生自主生活能力，而且后代再现风险高，医学上认为不宜生育的疾病。

依据卫生部1986年公布的《异常情况的分类指导标准（试行）》，这类疾病包括：强直性肌营养不良、遗传性痉挛性共济失调、结节性硬化、进行性肌营养不良（性连锁隐性）、软骨发育不全、成骨不全、马凡氏综合征、血友病、成年型多囊肾、球蛋白生成障碍性贫血杂合子、白化病、先天性聋哑、双侧视网膜母细胞瘤、先天性无虹膜、显性遗传型视网膜色素变性及双侧小眼球、智力低下、精神分裂症、躁狂抑郁症和其他精神病、先天性心脏病、原发性癫痫、高原地区的动脉导管未闭、各种染色体病及染色体畸变，以及其他罕见严重遗传病。凡能致死或造成生活不能自理，且子女可能再发病，又不能治疗的遗传病人均应接受婚前医学检查。

（2）指定传染病。是指《中华人民共和国传染病防治法》中规定的艾滋病、淋病、梅毒、麻风病以及医学上认为影响结婚和生育的其他传染病在传染期内的。

据《中华人民共和国传染病防治法》的规定，需进行婚前医学检查的传染病包括下述甲、乙、丙三类：

甲类传染病是指：鼠疫、霍乱。

乙类传染病是指：病毒性肝炎、细菌性和阿米巴性痢疾、伤寒和副伤寒、艾滋病、淋病、梅毒、脊髓灰质炎、麻疹、百日咳、白喉、流行性脑膜炎、猩红热、流行性和地方性斑疹伤寒、流行性乙型脑炎、黑热病、疟疾、登革热。

丙类传染病是指：肺结核、血吸虫病、丝虫病、包虫病、麻风病、流行性感冒、流行性腮腺炎、风疹、急性出血性结膜炎，及除霍乱、痢疾、伤寒和副伤寒以外的感染性腹泻病。

（3）有关精神病。是指精神分裂症、躁狂抑郁型精神病以及其他重型精神病。

根据《中华医学会精神疾病分类法》（1984 年）需进行婚前医学检查的有下述疾病：①脑器质性精神障碍，包括中毒、感染、肿瘤和脑细胞变性等所致的精神障碍；②运动神经元性疾病，如进行性延髓麻痹和弥漫性硬化症；③进行性肌营养不良症；④肝豆状核变性；⑤癫痫；⑥智力低下；⑦精神分裂症和躁狂抑郁症；⑧神经官能症。

婚前医学检查包括询问病史、体格及相关检查，检查应当遵守婚前保健工作规范并按照婚前医学检查项目进行。

经婚前医学检查，医疗、保健机构不能确诊的，应当转到设区的市级以上人民政府卫生行政部门指定的医疗、保健机构确诊。

3. 婚前医学检查证明和医学意见

《母婴保健法》及其实施办法规定，经婚前医学检查，医疗、保健机构应当向接受婚前医学检查的当事人出具婚前医学检查证明。婚前医学检查证明应当列明是否发现下列疾病：

（1）在传染期内的指定传染病。

（2）在发病期内的有关精神病。

（3）不宜生育的严重遗传性疾病。

（4）医学上认为不宜结婚的其他疾病。

对于患指定传染病在传染期内或者患有关精神病在发病期内的，医师应当向当事人说明情况，提出预防、治疗以及采取相应医学措施的建议。准备结婚的男女双方依据医生的医学意见，应当暂缓结婚。对诊断患医学上认为不宜生育的严重遗传性疾病的，准备结婚的男女双方可以暂缓结婚，在双方同意的基础上，自愿采用长效避孕措施或者接受接扎手术后不生育的，也可以结婚；医疗、保健机构应当为其治疗提供医学咨询和医疗服务。但是《婚姻法》中规定禁止结婚的除外。

当事人对婚前医学检查结果持有异议的，可以申请医学技术鉴定，取得医学鉴定证明。

在实行婚前医学检查的地区，婚姻登记机关在办理结婚登记时，应当查验婚前医学检查证明或者医学鉴定证明。

第三节 孕产期保健

一、重视孕产期保健

孕产期是指妇女从怀孕到婴儿出生后的一段时期，也就是我国农村俗称的“有喜”到“大肚子”再到“坐月子”的这段时期。长期以来，我国广大农村对孕产期保健缺乏科学的认识，形成了一些土法和旧俗，这些土法和旧俗中有的是合乎科学的，有的却是不利于孕产妇、胎儿和婴儿健康的。现代医学科学证明，人从胚胎形成到婴儿出生，这段时期的发育对于人一生的健康关系重大，因此，应当十分重视孕产期保健。所谓孕产期保健，是指通过为育龄妇女和孕产妇提供孕前、孕中、产时、产后等系列保健服务，保护母亲的健康；通过科学育儿、合理营养、指导母乳喂养，对婴幼儿进行体格检查、心理行为指导、接种预防、新生儿疾病筛查，对婴幼儿多发病、常见病防治等进行医疗保健服务，达到保证孩子健康的目的。

二、孕产期保健服务内容

《母婴保健法》规定：“医疗保健机构应当为育龄妇女和孕产妇提供孕产期保健服务”。按照《母婴保健法》及其实施办法的规定，孕产期保健服务内容包括：

（1）母婴保健服务。对孕育健康后代以及严重遗传性疾病和碘缺乏病等地方病的发病原因、治疗和预防方法提供医学意见，提供避孕咨询指导和技术服务，对产妇及其家属进行生殖健康教育和科学育儿知识教育。

（2）孕妇、产妇保健。为孕产妇建立保健手册（卡），定期进行产期检查，为孕妇、产妇提供卫生、营养、心理等方面的咨询和指导，对高危孕妇进行重点监护、随访和医疗保健服务，为孕产妇提供安全分娩技术服务等。

（3）胎儿保健。为胎儿生长发育进行监护，提供咨询和医学指导。

（4）新生儿保健。定期进行产后访视，为新生儿生长发育、哺乳和护理提供的医疗保健服务，指导产妇科学喂养婴儿，对婴儿进行体格检查和预防接种，逐步开展新生儿疾病筛查、婴儿多发病和常见病防治等医疗保健服务。

（5）其他孕产期保健服务。

三、孕产期的医学检查、产前诊断和医学指导

生育过严重遗传性疾病或者严重缺陷患儿的产妇，再次妊娠前，夫妻双方应当按照国家有关规定到县级以上医疗、保健机构进行医学检查。医疗、保健机构应当向当事人介绍有关遗传性疾病的知识，给予咨询、指导。对诊断患有医学上认为不宜生育的严重遗传性疾病，医师应当向当事人说明情况，并提出医学意见。

医疗、保健机构发现孕妇患有严重的妊娠合并症或并发症、严重的精神性疾病或者国务院卫生行政部门规定的严重影响生育的其他疾病，或者发现孕妇接触物理、化学、生物等有毒、有害的致畸因素，可能危及孕妇生命安全或者可能严重影响孕妇健康和胎儿正常发育的，应当对孕妇进行医学

指导和必要的医学检查。

经产前检查，发现孕妇有下列情形之一的，医师应当对其进行产前诊断：

（1）羊水过多或者过少的。

（2）胎儿发育异常或者胎儿有可疑畸形的。

（3）孕早期接触过可能导致胎儿先天缺陷物质的。

（4）有遗传病家族史或者曾经分娩过先天性严重缺陷婴儿的。

（5）初产妇年龄超过35周岁的。

经产前诊断，有下列情形之一的，医师应当向夫妻双方说明情况，并提出终止妊娠的医学意见：

（1）胎儿患严重遗传性疾病的。

（2）胎儿有严重缺陷的。

（3）因患严重疾病，继续妊娠可能危及孕妇生命安全或者严重危害孕妇健康的。

四、严禁非医学需要进行胎儿性别鉴定

我国传统的“重男轻女”思想在解放后虽然有所动摇，但是这一错误思想在我国尤其是广大的农村中仍然根深蒂固。这种思想也影响到农民的生育观，认为“生男比生女好”、“养儿防老”，有的农村妇女由于没有生男孩，在家庭中觉得抬不起头。由于我国实行计划生育政策，提倡一对夫妇只生育一个孩子，在这种生育观的支配下，有的夫妇怀孕后在某些医疗保健人员的帮助下，通过技术手段对胎儿性别进行鉴定，如果是男孩就继续妊娠，如果是女孩就终止妊娠。这种违反自然规律的作法，导致了我国一些地区男女性别比例失衡，严重影响了我国的人口发展，因此必须严厉禁

止。《母婴保健法》及其实施办法规定，严禁采用技术手段对胎儿进行性别鉴定，对怀疑胎儿可能患有伴性遗传病（即发病几率与胎儿性别有关的遗传病，如有的遗传病传女不传男），医学上确有需要进行性别鉴定的，由省、自治区、直辖市人民政府卫生行政部门指定的医疗、保健机构，按照国务院卫生行政部门的规定进行鉴定。

五、施行终止妊娠或者结扎手术的原则

依照《母婴保健法》规定，实施终止妊娠或者结扎手术，要采取本人自愿的原则。医师进行手术前，要征求本人同意，并签署意见；本人无行为能力的，应征得监护人的同意，并签署意见。根据《民法通则》规定，监护人包括：配偶、父母、成年子女、其他近亲属等。

依照《母婴保健法》规定施行终止妊娠或者结扎手术的，接受免费服务。

第四节　母婴保健技术鉴定

《母婴保健法》规定，对婚前医学检查、遗传病诊断和产前诊断结果有异议的，可以申请医学技术鉴定。

一、技术鉴定的组织和人员

《母婴保健法》及其实施办法规定，县级以上地方人民政府可以设立医学技术鉴定组织，负责对婚前医学检查、遗传病诊断和产前诊断结果有异议的进行医学技术鉴定。母婴保健医学技术鉴定委员会分为省、市、县三级。国家不设母婴保健医学技术鉴定委员会，故省级鉴定为终级鉴定。

母婴保健医学技术鉴定委员会成员，必须具有临床经验和医学遗传学知识，并具有主治医师以上的专业技术职务。设区的市级和省级母婴保健医学技术鉴定委员会成员应当具有副主任医师以上的专业技术职务。

母婴保健医学技术鉴定委员会成员，由卫生行政部门提名，同级人民政府聘任。

二、技术鉴定的程序

当事人对婚前医学检查、遗传病诊断、产前诊断结果有异议，需要进一步确诊的，可以自接到检查或者诊断结果之日起15日内向所在地县级或者设区的市级母婴保健医学技术鉴定委员会提出书面鉴定申请。

母婴保健医学技术鉴定委员会应当自接到鉴定申请之日起30日内作出医学技术鉴定意见，并及时通知当事人。

当事人对鉴定意见有异议的，可以自接到鉴定意见通知书之日起15日内向上一级母婴保健医学技术鉴定委员会申请再鉴定。

母婴保健医学技术鉴定委员会进行医学鉴定时须有5名以上相关专业医学技术鉴定委员会成员参加。鉴定委员会成员应当在鉴定结论上署名，不同意见应当如实记录。鉴定委员会根据鉴定结论向当事人出具鉴定意见书。

母婴保健医学技术鉴定实行回避制度，凡与当事人有利害关系，可能影响公正鉴定的人员，应当回避。

第五节 母婴保健机构

一、医疗保健机构

医疗保健机构是指各级妇幼保健院以及经卫生行政部门批准并登记注册的医疗机构。《母婴保健法》规定，省级人民政府卫生行政部门指定的母婴保健机构，即各省、自治区、直辖市妇幼保健院，负责本行政区域内的母婴保健监测和技术指导。

母婴保健监测是指对母婴保健各项业务工作的监测、指导和检查等，如婚前医学检查、孕产期及婴儿保健、母乳喂养、技术鉴定、产前诊断、遗传咨询等综合服务情况进行监测和指导，对技术标准执行情况、专业人员的业务素质和技术水平、仪器使用情况进行定期检查，了解危害母婴健康主要疾病的发病趋势，发现影响母婴健康的重大问题时及时上报。

母婴保健技术指导是指对下级母婴保健机构开展各项母婴保健工作给予技术上的帮助，如技术人员的培训、技术指标的掌握运用、先进技术的推广应用等。

医疗保健机构要按照卫生部制定的《妇幼卫生机构分级分类标准》和《妇幼卫生服务规范》，负责其职责范围内的母婴保健工作，建立母婴保健工作规范，提高医学技术水平，采取各种措施方便人民群众，做好母婴保健服务工作。

医疗保健机构开展婚前医学检查、遗传病诊断、产前诊断以及施行结扎手术和终止妊娠手术的，在设备、人员和技术条件方面必须符合卫生部的要求，并经县级以上卫生行政部门许可后方可进行。

二、母婴保健工作人员

《母婴保健法》规定，从事遗传病诊断、产前诊断的人员必须经过省、自治区、直辖市人民政府卫生行政部门的考核，并取得相应的合格证书；从事婚前医学检查、施行结扎手术和终止妊娠手术的人员以及从事家庭接生的人员，必须经过县级以上地方人民政府卫生行政部门的考核，并取得相应的合格证书。上述人员取得合格证书后方可从事工作，以保证保健对象的健康权益。

婚前保健和孕产期保健等母婴保健工作可能涉及保健对象的个人隐私，为保护保健对象的个人及家庭利益，从事母婴保健工作的人员应当严格遵守职业道德，为当事人保密。

第六节　法律责任

一、行政责任

未取得国家颁发的有关合格证书，包括未按照《母婴保健法》取得县级以上卫生行政部门许可的医疗保健机构和非医疗保健机构，未按照《母婴保健法》规定，经考核取得合格证书的医疗保健人员和非医疗保健人员，有下列行为之一的：①从事婚前医学检查、遗传病诊断或者医学技术鉴定的；②施行终止妊娠手术的；③出具法律规定的有关医学证明的，首先县级以上地方人民政府卫生行政部门应当予以制止；其次可以根据情节给予警告或者罚款的行政处罚。出具的有关婚前医学检查证明、医学技术鉴定证明、遗传病诊断、产前诊断以及医师的医学意见等证明文件应视为无效。

经考核取得相应合格证书的从事母婴保健的工作人员违反规定，出具有关虚假医学证明或者进行非医学需要的胎儿性别鉴定的，由所在的医疗保健机构或所属的卫生行政部门根据情节给予行政处分；情节严重的，依法取消执业资格。

二、民事责任

母婴保健工作人员在诊疗护理过程中，因诊疗护理过失，造成病员死亡、残疾、组织器官损伤导致功能障碍的，应根据医疗事故处理办法的有关规定，承担相应的民事责任。

三、刑事责任

取得相应合格证书的从事母婴保健的工作人员由于严重不负责任，造成就诊人死亡或者严重损害就诊人身体健康的，依照《刑法》第三百三十五条医疗事故罪追究刑事责任。

未取得国家颁发的有关合格证书，包括取得合法行医资格而未取得《母婴保健法》规定的合格证书者和非法行医者，施行终止妊娠手术或者采取其他方法终止妊娠，致人死亡、残疾、丧失或者基本丧失劳动能力的，依照《刑法》第三百三十六条的有关规定追究刑事责任。

案例与问题解答

非法进行非医学需要的胎儿性别鉴定

某镇居民马某私自购进 B 超机等设备，自 1998 年开始在私人诊所内非法为他人进行胎儿性别鉴定，许多到马某诊所进行了胎儿性别鉴定的夫妇后来进行了选择性别的人工流产，结果导致该地区出生婴儿的性别比畸高。在知情人的举报下，计划生育部门对马某进行了查处，没收了马某的 B 超等诊断设备，卫生部门还依法吊销了马某的执业医师资格。

分析：非医学需要的胎儿性别鉴定和选择性别的人工终止妊娠是目前我国出生婴儿性别比持续偏高的重要原因。《母婴保健法》第三十二条规定："严禁采用技术手段对胎儿进行性别鉴定，但医学上确有需要的除外。"马某违反上述法律规定，擅自为他人进行非医学需要的胎儿性别鉴定，造成当地一段时期内出生婴儿性别比例失调，应当承担相应的法律责任。

本讲引用的法律、法规和政策

1. **《中华人民共和国刑法》**

（1979 年 7 月 1 日第五届全国人民代表大会第二次会议通过，1997 年修订，1997 年 10 月 1 日起施行）

2. **《中华人民共和国婚姻法》**

（1980 年 9 月 10 日第五届全国人民代表大会第三次会议通过根据 2001 年 4 月 28 日第九届全国人民代表大会常务委员会第二十一次会议《关于修改〈中华人民共和国婚姻法〉的决定》修正，2001 年 4 月 28 日施行）

3. **《中华人民共和国妇女权益保障法》**

（1992 年 4 月 3 日第七届全国人民代表大会第五次会议通过，1992 年 10 月 1 日施行）

4. **《中华人民共和国母婴保健法》**

（1994 年 10 月 27 日第八届全国人民代表大会常务委员会第十次会议通过，1995 年 6 月 1 日施行）

5. **《中华人民共和国传染病防治法》**

（1989 年 2 月 21 日第七届全国人民代表大会常务委员会第六次会议通过，2004 年修订，2004 年 12 月 1 日施行）

6. **《婚姻登记条例》**

（2003 年 8 月 8 日国务院令第 387 号发布，2003 年 10 月 1 日施行）

7. **《妇幼卫生工作条例》**

（1986 年 4 月 20 日卫生部发布实施）

8. **《关于婚前健康检查问题的通知》**

（1986 年 9 月 1 日卫生部、民政部发布）

9. **《异常情况的分类指导标准（试行）》**

（1986 年 7 月 21 日卫生部发布实施）

第八讲　职业危害

第一节　用人单位承担的责任和义务

随着我国社会经济结构的转型，人口流动日益频繁，越来越多的农村剩余劳动力离开乡土，进城务工，成为城市建设的一支重要力量。但是大多数农民工对职业危害缺乏认识，在从业的过程中往往容易受到各种职业危害。因此，了解我国职业卫生方面的法律、法规，对于防止职业危害，维护自身权益十分重要。

一、用人单位对职业病危害承担责任

《职业病防治法》第五条规定:“用人单位应当建立、健全职业病防治责任制，加强对职业病防治的管理，提高职业病防治水平，对本单位产生的职业病危害承担责任。”

预防和控制职业病的主体是用人单位，用人单位是防治职业病的最前沿。政府监督是外部的，任何外部的监督都不可能取代用人单位的自身管理。我国职业卫生工作的经验和实践证明，只有依靠用人单位，才能有效地预防和控制职业病。赋予用人单位以义务和责任，发挥行业与用人单位的优势，把行业和用人单位作为预防和控制职业病的主力军，建立规范的、科学的、标准的用人单位职业卫生管理制度，改

善作业环境，不断提高职业病防治水平，是预防和控制职业危害的得力措施之一。我国其他有关职业安全卫生方面的法规也都明确规定用人单位是职业安全卫生的第一责任人。

用人单位的责任和义务表现在以下几方面：

1. 建立、健全职业病防治责任制

防治职业病，保护劳动者的身体健康，关系到劳动者的合法权益，是用人单位义不容辞的责任。应当说，职业卫生工作是企业管理的主要内容之一，是企业文化的重要体现。《职业病防治法》要求用人单位建立、健全职业病防治责任制，就是要求用人单位应该把职业病的防治工作纳入到本行业或企业的发展规划和规范中去。建立、健全责任制的含义，就是要从防治职业病的角度出发，针对各层管理人员和不同作业岗位，针对生产环境和生产过程中的每个环节，制定出具体、明确的管理措施和规章制度，并且要有专人负责落实，分工明确，责任到位。建立、健全职业病防治责任制，是堵塞各种漏洞、切实抓好职业病防治工作所必需的前提条件。

2. 加强对职业病防治的管理

作为用人单位的负责人，要加强对职业病防治工作重要性的认识。目前，我国无论从接触职业危害人数、职业病患者累积病例、死亡人数和新发病例都居世界首位，因职业病造成的经济损失已达近百亿元。有数据表明，我国每年新发尘肺病人 1.5 万 ~2 万例，每年报告的各类急、慢性职业中毒人数达数千人、死亡数百人。可以说，职业危害问题依然是威胁我国劳动力资源可持续发展、制约企业经济发展的要素之一。控制职业病的最终结果，一方面是可以提高劳动者的生产效率，另一方面可以减少由于职业病治疗以及补偿所致的社会及用人单位的负担。搞好职业卫生工作，对于提高企业经济效益具有现实的意义。控制职业危害，防治职业病，保护劳动者的健康是用人单位保证劳动力资源可持续发展，促进企业长期发展的必然要求。企业为了长期可持续发展，就必须把防治职业病，保护劳动者的健康作为企业管理的一项重要内容抓好、抓实。因此，加强对职业病防治的管理，不仅是法律规定给用人单位的一项义务，也应当成为用人单位的一种自觉行动。

3. 提高职业病防治水平

用人单位应当在搞好职业病防治管理工作基础建设的前提下，不断提高认识水平和管理水平。用人单位只有不断地了解和学习职业病防治方面的知识，掌握先进的科学技术，并应用于本单位的生产实践中，才能真正使职业病的防治工作不断进步。做好职业病的预防、控制工作，不断提高职业防治水平，也是维护劳动者最基本人权的具体体现，会更增加社会对企业的安全感和信任感。

4. 对本单位产生的职业病危害承担责任

预防和控制职业病，保护劳动者的健康等义务长期以来一直是由政府包办代替，结果是政府费力不讨好，社会各方面的积极性得不到充分的调动。因此，依照《职业病防治法》规定，用人单位对本单位的职业病的防治工作不要有任何依赖思想，要切实承担起责任来，要认真、自觉地履行好《职业病防治法》规定的所有义务。值得一提的是，本项中的承担责任，可以理解为两方面的含义：一是对搞好本单位的职业病防治工作负有责任，二是对职业危害造成的损失和伤害负有不可推卸的责任。

二、依法参加工伤社会保险

《职业病防治法》第六条规定，用人单位必须依法参加工伤社会保险。

为了使劳动者在遭受职业病伤害时，能够切实获得医疗保障、生活保障和经济补偿，享受职业病治疗的权利，《职业病防治法》将用人单位参加工伤社会保险作为一条强制性规定写进了法律之中。《职业病防治法》将职业病患者的待遇保障与国家工伤保险的制度和法规相衔接，要求用人单位必须依法参加工伤社会保险，既从根本上解决了职业病患者的赔偿问题，又使两部法律、法规互相支持，一个是预防和控制职业病，一个是处理和赔偿职业病，两者共同构成保护劳动者利益和健康的法律保障。

参加工伤社会保险，对于保障劳动者合法权益，促进安全生产和维护社会稳定，具有重要现实意义和深远影响。依据本条规定，用人单位必须依法参加工伤社会保险。需要注意的是，本条中的“必须”，是具有法律强制性的，也就是说，关于是否参加工伤社会保险的问题，对用人单位来说是没有选择余地的。

三、产生职业病危害的用人单位应具备的条件

目前恶性职业危害事故增多的一个重要原因是部分企业严重忽视职业卫生，毫无防范意识。有些企业生产车间布局不合理，有毒、有害作业混在一起，各种毒物浓度超过国家标准。

《职业病防治法》针对这一情况，作出以下原则性规定：

1. 职业病危害因素的强度或者浓度符合国家职业卫生标准

职业病防治的目的在于为劳动者创造一个良好的工作环境和条件，消除职业危害。使工作环境中职业危害因素的浓（强）度降低，达到卫生标准的要求，加强防护，减少接触，让劳动者接触职业病危害因素的水平低于最高容许范围，防止职业病的发生，是用人单位应当掌握的原则。

2. 有与职业病危害防护相适应的设施

防护设施应当与可能产生的职业危害相适应，并随着情况的变化（包括生产工艺、生产材料等的改变）及时更新。比如，在车间的生产中可能突然产生大量有害物质时，应设置事故排风装置。

3. 生产布局合理，符合有害与无害作业分开的原则

评价生产布局是否合理，主要应当遵照以下原则：

（1）基本原则。各车间排列的相互关系，除按照生产流程要求以及有害与无害作业分开的原则外，还要考虑到某些车间工段可能产生的有害因素，以及是否影响其他车间的空气清洁、安静、通风、采光等。生产过程中可能产生粉尘、烟、毒气、蒸气、雾等的车间，应当设在整个厂区常年主导风向的下风侧。

（2）有害发生源的布置。放散不同有害物质的生产过程布置在同一建筑物内时，毒物大与毒物小的应隔开。有害物质的发生源应当布置在工作地点机械通风或自然通风的下风侧。在多层建筑物内，放散热和有害气体的生产过程，应当布置在建筑物的上层。如必须布置在下层时，应当采取有效措施，防止污染上层空气。产生噪声的车间应当尽可能远离其他车间、行政区和生活区等。为减少车间内热量的散发，在不影响生产工艺操作的情况下，热源应尽可能布置在车间外面（主导风向的下风侧）。湿度很高的产品和半成品，要尽快运到室外主导风向的下风侧。

4. 有配套的更衣间、洗浴间、孕妇休息间等卫生设施

这一规定应当视为保护劳动者健康的卫生基础设施。为使劳动者保持良好的个人卫生状况，减少毒物作用的机会，用人单位应尽量为劳动者创造一个良好的、舒适的、符合标准的生活和休息环境。比如，在更衣间的设置方面应当有个人专用的更衣箱；对皮肤、眼睛等局部作用危险性大的毒物，要有洗消皮肤和冲洗眼睛的设施。

5. 设备、工具、用具等设施符合保护劳动者生理、心理健康的要求

设备、工具、用具等设施的设计、安置等要尽量科学、合理，使劳动者便于操作，原则上应最大程度地减少劳动者的身体疲劳和精神紧张。

6. 符合法律、行政法规和国务院卫生行政部门关于保护劳动者健康的其他要求

《职业病防治法》是国家关于职业病防治管理的基本法律，不可能针对保护劳动者健康的每一个细节都作出非常细致的规定。因此，对职业病防治的具体条件用人单位还要依据其他有关法律、法规的要求去执行。

四、建立、健全职业病防治管理措施

职业卫生自身管理是用人单位必须履行的防治职业病、保护劳动者健康的法定义务。用人单位自身管理要求建立健全各项职业卫生管理规章制度，预防、控制和消除工作场所的职业危害，防治职业病，保护劳动者健康。用人单位自身的管理是非常重要的。

我国《劳动法》第五十二条规定："用人单位必须建立、健全劳动安全卫生制度，严格执行国家劳动安全卫生规程和标准，对劳动者进行劳动安全卫生教育，防止劳动过程中的事故，减少职业危害。"

《职业病防治法》也作出具体规定如下：

1．设置或者指定职业卫生管理机构或者组织，配备专职或兼职的职业卫生专业人员

用人单位对职业病的防治工作要有专人负责管理。用人单位必须设置专门的职业病防治管理机构，并配备兼有医、防、管全面才能的人员从事职业卫生管理工作。有专人负责的职业卫生管理机构或者组织应当包括各个层次和级别的机构或者组织。比如，从厂矿到车间、直到班组都应当有专人负责职业卫生工作。用人单位职业卫生管理者应了解本企业的生产工艺、职业危害因素，建立职业卫生档案，控制职业病和流行病的发生，为企业经营者提出对职业危害因素进行综合治理的建议。

2．制定职业病防治计划和实施方案

防治职业病不是一朝一夕的事，是用人单位一项长期的工作。因此，要求用人单位要将防治职业病的阶段性目标和总体设想纳入到计划中。制定出切实可行、符合实际的职业病防治计划和实施方案。需要注意的是，职业危害有时是处于动态过程中，因此，管理人员应当随时掌握职业危害的各种新动向、新发展。经常性地对职业病防治计划和实施方案的执行情况进行检查，发现问题，及时调整，及时改进。

3．建立、健全职业卫生管理制度和操作规程

健全的管理制度和操作规程对于控制和预防职业病是至

关重要的。因此，用人单位应当建立、健全各项职业卫生管理制度和操作规程。管理制度和操作规程，可以理解为即包括国家有关部门制定的通用性的行业规章制度，同时也包括用人单位结合本单位具体情况和职业病防治工作特点而制定的规章制度。这里需要特别注意的有两点：

（1）职业卫生管理制度和操作规程制定后，重要的是抓落实。因此，用人单位要经常对管理制度的落实情况进行监督和检查，以确保其发挥应有的作用，达到预期的效果。

（2）要教育职工完全、准确地掌握和了解各项制度和操作规程，自觉地遵守，主动积极地预防职业危害。

4．建立、健全职业卫生档案和劳动者健康监护档案

为加强职业病防治管理，用人单位必须建立、健全本单位的职业卫生档案和劳动者个人健康监护档案。用人单位的职业卫生档案和劳动者健康监护档案等有关资料，是了解本单位职业病防治情况及评价职业病危害的重要资料，应当纳入本单位档案管理制度中。用人单位的职业卫生档案主要包括：用人单位基本情况；职业卫生防护设施的设置、运转和效果；职业危害因素的浓（强）度监测结果与分析；职业健康检查的组织和检查结果及评价等项目。劳动者健康监护档案主要包括：职业史；职业危害接触史；职业健康检查的结果；职业病的诊断、处理、治疗和疗养；职业危害事故的抢救情况等内容。用人单位应当从防治职业病的角度出发，本着对劳动者负责的态度，高度重视和管理好职业卫生档案和劳动者卫生监护档案。

5．建立、健全工作场所职业病危害因素监测及评价制度

这项规定的监测及评价制度，属于对作业环境进行职业卫生管理的内容。工作环境有害因素的定期监测和评价，是做好本单位职业病防治工作不可缺少的措施，是掌握职业危害基本情况，开展劳动保护，控制职业危害，预防职业病和有关疾病发生的基础性工作。因此，用人单位要将工作场所职业病危害因素监测及评价工作形成制度。

6. 建立、健全职业病危害事故应急求援预案

有调查表明，目前职业危害事故增多的一个重要原因，是部分企业严重忽视职业卫生，防范意识薄弱。当突发事故出现时，缺乏应急救援能力，往往当发生突发事故时盲目救助，而使事故范围扩大。因此，建立、健全职业病危害事故应急求援预案显得十分重要。

五、向劳动者提供职业病防护用品

《职业病防治法》第二十条规定："用人单位必须采取有效的职业病防护设施，并为劳动者提供个人使用的职业病防护用品。用人单位为劳动者个人提供的职业病防护用品必须符合防治职业病的要求；不符合要求的，不得使用。"

据调查，现在相当一部分工厂企业的生产过程中存在着职业危害因素，如粉尘、有毒气体、噪声等，这些职业危害因素对职工健康的危害显得格外突出。为了保障职工的健康，预防职业病的发生，对有职业危害的场所采用有效的职业病防护设施（以下简称"防护设施"）或为个人提供职业病防护用品（以下简称"防护用品"），是预防职业病发生很重要的手段之一。由于目前我国对防护设施或防护用品监督管理还没有法律依据，因此在管理上处在滞后状态。部分工厂企业使用假冒伪劣防护设施或防护用品的现象时有发生。这些假冒伪劣产品不仅坑害工厂企业，而且坑害工人的健康。随着科学的进步，人类的生命价值越来越被重视。在工业化的今天，职业危害因素对职工健康危害的预防已得到足够的重视。许多国家的法规和国际公约都对工人的作业环境提出了防护设施和个人防护用品的要求。为此，在《职业病防治法》中规定，用人单位采用防护设施和个人使用防护用品非常必要。我国《劳动法》第五十四条中也明确规定："用人单位必须为劳动者提供符合国家规定的劳动安全卫生条件和必要的劳动防护用品，对从事有职业危害作业的劳动者应当定期进行健康检查。"

防护设施和防护用品主要是针对作业环境中的职业病危害因素而采取的一种预防性手段，其目的在于控制、消除或者减少作业环境中的职业病危害因素，从而使生产工人的健康得到了保护。前者是采用一些必要的设施，如工业通风净化系统或者采用吸除、阻隔等方法，以降低和消除生产过程产生的职业病危害因素的浓度和强度，使工人在安全的作业环境中从事劳动。后者是在有职业危害因素场所或者防护设施不到位的情况下，作业环境的有毒有害因素远远超过卫生标准时，为避免职业病危害因素对工人健康的影响，对工人采用个人防护用品，保护工人健康。采用防护设施和防护用品最终目的是控制或减少职业病危害，预防职业病的发生。由于防护设施与防护用品在预防职业病的发生上起到了很重要的作用，为此，《职业病防治法》以法律的形式将防护设施与防护用品的重要作用确定下来，这对我国今后进一步加强对职业病防护设施与防护用品的管理和监督，并使之制度化、规范化，提供了重要的法律依据和法律保障，也进一步体现了《职业病防治法》"预防为主"的重要立法宗旨。也可以说，对有职业危害因素的工厂企业，必须采取有效的防护设施与防护用品，保护工人的健康，这是法律赋予的、必须认真履行的义务。

《职业病防治法》第二十条规定的基本含义包括下面四个方面：

1．用人单位必须采取有效的职业病防护设施

目前，一些用人单位只顾自身利益，无视劳动者健康，在明知存在职业病危害的情况下，不采取任何有效的职业病防护设施；有的投资者为了降低投资和成本，在新建、扩建、改建工业建设项目和引进投资时不考虑必要的配套防护设施建设，随意取消或消减这方面预算，留下了职业危害隐患。这是造成我国职业病高发的重要原因。值得注意的是，本条的法律用语是“必须”，这就是带有强制性的规定。也就是说，采取有效的防护设施，是用人单位必须履行的义务。此外，用人单位还必须保证防护设施的有效。这就要求用人单位在防护设施的购买、使用、维护等环节上要建立相应的管理制度，保证防护设施的正常使用，达到应有的效果。

2．用人单位必须为劳动者提供个人使用的职业病防护用品

这也是用人单位必须履行的一项义务。除此之外，用人单位还有责任指导劳动者正确、合理地使用防护用品，并进行督促和检查，从而保证防护用品发挥应有的作用，起到保护劳动者健康的目的。

3．防护用品必须符合防治职业病的要求

个人防护用品是具有特殊用途的专业用品，它与普通的商品不同。个人防护用品必须符合特定的要求，必须保证具有良好的使用效果，否则就达不到应有的目的。为保证防护用品的质量，杜绝假冒伪劣产品，用人单位应当采取有效的措施，加强对防护用品的管理。首先，必须牢牢抓住进货关，购买通过有关部门认证合格的产品；同时，还要对使用环节加以严格的管理。

4. 不符合要求的防护用品不得使用

使用不符合要求的个人防护用品，不仅达不到应有的防护目的，而且有可能会导致不良后果。所谓不符合要求的个人防护用品主要包括：假冒伪劣产品、已经失去功能或过期失效的用品等。

六、设置职业病危害的公告栏及警示标识

《职业病防治法》第二十二条规定：“产生职业病危害的用人单位，应当在醒目位置设置公告栏，公布有关职业病防治的规章制度、操作规程、职业病危害事故应急救援措施和工作场所职业病危害因素检测结果。对产生严重职业病危害的作业岗位，应当在其醒目位置，设置警示标识和中文警示说明。警示说明应当载明产生职业病危害的种类、后果、预防以及应急救治措施等内容。”

本条涉及公告栏危害告知制度和危险岗位危害告知制度，这些都属于职业危害告知制度的范围。职业危害告知制度主要集中体现了国家保护劳动者对职业危害的知情权不受侵犯。国家一方面通过法律赋予劳动者应当享有的对职业危害的知情权，另一方面依靠法律的强制力规定了企业主应负有向劳动者进行告知的法定义务，从而确定劳动者对职业危害的知情权的实现，保障劳动者的生命健康权不受侵犯。《职业病防治法》中除了所涉及到的公告栏危害告知制度和危险岗位危害告知制度外，在其他条款中还涉及到了作业场所危害告知、原材料和设备危害告知、合同危害告知、职业

卫生培训危害告知等。

(1) 本条第一款规定了公告制度。公告制度是预防职业病危害发生的重要措施，也是法律赋予用人单位的责任。依照本款规定，公告栏的设置，必须放在醒日的位置。所谓醒日的位置，就是要放置在公开的场所，使劳动者能够方便、容易地看到。公告栏的内容主要包括：有关职业病防治的规章制度、操作规程、职业病危害事故应急救援措施和工作场所职业病危害因素检测结果。特别是对于职业病危害因素检测结果一项，用人单位不得隐瞒或掩盖真实状况，应如实地公布。

(2) 本条第二款规定了职业病危害作业岗位的警示标识。对于在岗职业劳动者来说，作业场所的警示标识和警示说明能起到时刻告知和提醒的作用。目前，有相当一部分企业没有在有毒有害的作业环境或岗位设立警示标识。依照本款规定，警示标识和说明应当符合以下要求：

①要设置在醒目的位置。

②警示标识和说明必须两者同时具备。警示标识是指本行业中规范性的、固定的特殊标志或符号。这里特别需要强调的是，警示说明应当尽可能地做到详细、完备和通俗易懂，不能出现模糊或者容易使人产生误解的词语，而且必须使用中文文字。

③警示说明的主要内容应当包括：产生职业病危害的种类、后果、预防以及应急救治措施等。

七、劳动合同中应包含职业病危害的内容

《职业病防治法》第三十条规定："用人单位与劳动者订立劳动合同（含聘用合同，下同）时，应当将工作过程中

可能产生的职业病危害及其后果、职业病防护措施和待遇等如实告知劳动者，并在劳动合同中写明，不得隐瞒或者欺骗。劳动者在已订立劳动合同期间因工作岗位或者工作内容变更，从事与所订立劳动合同中未告知的存在职业病危害的作业时，用人单位应当依照前款规定，向劳动者履行如实告知的义务，并协商变更原劳动合同相关条款。用人单位违反前两款规定的，劳动者有权拒绝从事存在职业病危害的作业，用人单位不得因此解除或者终止与劳动者所订立的劳动合同。”

这一规定中涉及到了职业危害告知制度中的合同危害告知。合同危害告知是劳动者在签定劳动合同享有的一项非常重要的基本权利，它体现了民法诚实信用、公平合理的基本原则。在签定合同时，必须是双方真实的意思表示，任何一方不得隐瞒和欺诈，在《劳动法》与《合同法》中均有这方面的规定。劳动者从事有毒有害作业时，有的知道存在职业危害，但大部分人并不知道，特别是进入城镇私营企业打工的农村流动劳动者和乡镇企业务工农民，他们文化水平较低，普遍缺乏自我保护的意识，缺乏相应的知识。另外，一些用人单位也存在隐瞒工作场所职业危害实情、不告知劳动者职业危害真相、与从事有毒有害作业的工人在签定劳动合同时不履行危害告知义务的情况。一些企业老板明知原材料或生产环境有毒有害，但是为了多赚钱，干脆不告知工人所从事的工作是有毒有害的，有的甚至欺骗工人。对从事有害作业不提供应有的防护设施，不为劳动者配备个人防护用品，强令劳动者在恶劣的条件下从事有害作业，或者当劳动者患病后将其解雇，还有的甚至不签定劳动合同，或者签定“生死”合同，这些都是严重违法行为。因此，为了保护劳动者的合法权益，用人单位与劳动者签定劳动或工作合同时，应当将工作过程中存在的职业危害及后果、卫生防护条件等如实告知劳动者，并在合同中注明。设立合同危害告知制度的目的就是要强制用人单位履行告知义务，维护劳动者知情的基本权利，以保护劳动者健康。

《职业病防治法》第三十条具体规定了如下内容：

1．签定劳动合同的原则

工作场所涉及可能发生职业病危害的情况，用人单位在与劳动者签定的劳动合同中必须要有所反映。这里应当注意的有三点：

（1）要将全部真实情况告知劳动者，具体包括：工作过程中可能产生的职业病危害及其后果、职业病防护措施和待遇等。要使劳动者在完全了解情况的前提下，签定劳动合同。

（2）劳动合同中应当写明涉及职业危害的有关条款，不能有含糊不清的内容。

（3）在签定劳动合同的整个过程中，应当体现真实、确切的原则，不能有任何隐瞒或者欺骗行为。

2．对劳动合同的内容补充

劳动者在合同执行期间，调换岗位或从事新的工作，而新的工作岗位中所涉及的职业危害在原来的劳动合同中没有体现的，应当及时补充或更改有关内容。当然，补充和更改合同的前提必须是如实告知劳动者。

3．劳动者的权利

本条第三款规定了劳动者在签定合同过程中以及在合同执行过程中所享有的权利。在下列三种情况下，劳动者有权拒绝从事存在职业病危害的作业：

（1）作业岗位存在的职业危害实际情况与告知的内容及合同中的相关条款不符合。

（2）存在合同中未涉及的新出现的职业危害。

（3）存在职业病危害的作业岗位没有职业病防护措施。

（4）合同中规定的劳动保护待遇不能得到落实。

《职业病防治法》还对用人单位作出了禁止性规定。劳动者依法拒绝从事存在职业病危害的作业，是受到法律保护的，用人单位不得因此解除或者终止与劳动者所订立的劳动合同。

八、用人单位应当组织劳动者进行职业健康检查

《职业病防治法》第三十二条规定："对从事接触职业病危害的作业的劳动者，用人单位应当按照国务院卫生行政部门的规定组织上岗前、在岗期间和离岗时的职业健康检查，并将检查结果如实告知劳动者。职业健康检查费用由用人单位承担。

用人单位不得安排未经上岗前职业健康检查的劳动者从事接触职业病危害的作业；不得安排有职业禁忌的劳动者从事其所禁忌的作业；对在职业健康检查中发现有与所从事的职业相关的健康损害的劳动者，应当调离原工作岗位，并妥善安置；对未进行离岗前职业健康检查的劳动者不得解除或者终止与其订立的劳动合同。"

为加强职业健康检查工作，进一步规范职业健康检查活动的范围和内容，从而保障广大劳动者真正能够享有职业健康检查这一应有的权利，《职业病防治法》作出了本条的规定。

1．关于职业健康检查的有关规定

（1）享受职业健康检查，是劳动者的权利，也是用人单位的法定义务。劳动者为保护自身的健康，应当积极主动地参加职业健康检查；用人单位为了保障劳动者的身体健康，应当依法组织职业健康检查。职业健康检查包括：上岗前、在岗期间和离岗时的职业健康检查。职业健康检查的项目应当做到详细、系统。

①上岗前健康检查。通过上岗前的健康检查，劳动者可以根据自身的健康状况对所要从事的职业、工种进行选择，尽量减少职业危害的发生，以及由此而带来的身体的损伤及经济纠纷。用人单位可以根据劳动者的身体状况安排适合的岗位，这样对减少职业病的发生，保护从业人员的安全，减少由此而引起的经济损失，十分必要。就业前体检，是从业人员保护自身健康，维护自身合法权益不受损害，减少因职业因素而致病的有效、可行的方式，它对个人、企业、国家三方都有益。

②在岗期间的健康检查。主要是定期对劳动者进行健康检查，便于早期发现病人，及时处理，防止职业危害的发展，为制定预防对策提供依据。

③离岗时的健康检查。离岗时的健康检查，主要是对劳动者的整体健康状况进行一次评估，初步判断其工作期间是否患上了职业病，目前的健康状况不宜从事哪些工作等等。离岗时的健康检查是对劳动者的健康高度负责的表现，同时也能为今后可能出现的职业病诊断鉴定纠纷提供参考依据。

从职业病防治管理的角度说，职业健康检查的内容还应当包括离岗后的医学追踪观察。不少职业危害因素的健康危害是远期的，损害是缓慢的，甚至在劳动者离开该作业环境数年至数十年以后才出现。如粉尘作业与尘肺，接触放射工作与白血病、肿瘤，含苯化学物质与再生障碍性贫血、肿瘤等。离岗后的医学追踪观察，目的是早期发现健康损害，及时控制健康损害的发展，减少生命损失和经济损失，提高生命质量。

（2）如实告知劳动者检查结果。法律规定了劳动者有了解自己健康状况的权利，因此，用人单位或者有关医疗机构对职业健康检查结果，必须真实、准确地告诉劳动者，不得隐瞒或者更改检查结果。

（3）用人单位承担职业健康检查费用。法律明确规定了职业健康检查费用的承担者，即用人单位。需要强调的是，这里的“费用”应当理解为用于职业健康检查方面的所有费用。也就是说，用人单位不得以任何理由在费用问题上刁难劳动者，也不能因费用问题的纠缠而阻止劳动者按规定进行的健康检查。《职业病防治法》作出的这一规定，对于保障劳动者充分享有健康检查的权利，减少因费用问题带来的各种纠纷，最终达到保护劳动者健康这一目的，具有重要的作用。

2. 对有关职业卫生检查的一些特殊情况作出的规定。

（1）不得安排未经上岗前职业健康检查的劳动者从事接触职业病危害的作业。安排未经检查的劳动者从事接触职业病危害的作业，不仅是对劳动者健康极度不负责的表现，也是严重违反法律的行为，它可能导致严重的不良后果，损害劳动者的健康，是应当坚决杜绝的。虽然法律对用人单位提出了禁止性的规定，但对于劳动者本人，也不能在没有进行健康检查或者身体状况不允许的情况下，从事接触职业病危害的作业。

（2）不得安排有职业禁忌的劳动者从事其所禁忌的作业。关于职业禁忌的概念，《职业病防治法》在第七章“附则”中有确切的定义：职业禁忌，是指劳动者从事特定职业或者接触特定职业病危害因素时，比一般职业人群更易于遭受职业病危害和罹患职业病或者可能导致原有自身疾病病情加重，或者在从事作业过程中诱发可能导致对他人生命健康构成危险的疾病的个人特殊生理或者病理状态。职业禁忌通常与年龄、性别、营养、健康状况、遗传因素等有关。对于有职业禁忌的劳动者，应按规定不得从事相应的工作；对于在岗的劳动者，一旦发现职业禁忌，应当及时调离，改变作业岗位。

（3）对在职业健康检查中发现有与所从事的职业相关的健康损害的劳动者，应当调离原工作岗位，并妥善安置。这是《职业病防治法》出于保护劳动者健康这样一个立法目的而制定的一项条款，用人单位应当认真执行，不能让已经出现职业性健康损害的劳动者继续从事原工作。这里需要注意的是“妥善安置”。也就是说，对于上述情况，用人单位在将劳动者调离原工作岗位的同时，还要为劳动者的切身利益着想。绝不能将“调离”理解为“下岗”，要将劳动者安排在一个适当的岗位。

（4）对未进行离岗前职业健康检查的劳动者不得解除或者终止与其订立的劳动合同。实际上这是进一步强化了离岗前的职业健康检查。离岗前的职业健康检查结果，关系到劳动者今后的工作选择以及对相关疾病的预防和治疗，也是其他用人单位对该劳动者职业卫生健康状况的重要参考依据。因此，离岗前的职业健康检查不是可有可无的项目，它要求用人单位在与劳动者的合同终止之前，必须对其进行职业健康检查。

九、为劳动者建立职业健康监护档案

《职业病防治法》第三十三条规定：“用人单位应当为劳动者建立职业健康监护档案，并按照规定的期限妥善保存。

职业健康监护档案应当包括劳动者的职业史、职业病危害接触史、职业健康检查结果和职业病诊疗等有关个人健康资料。

劳动者离开用人单位时，有权索取本人职业健康监护档案复印件，用人单位应当如实、无偿提供，并在所提供的复印件上签章。”

本条规定包括三方面内容：

1. 建立职业健康监护档案

这是《职业病防治法》为用人单位规定的一项义务。因此，用人单位必须采取必要的措施，建立并管理好本单位劳动者的职业健康监护档案，同时，用人单位对职业健康监护档案负有妥善保管的责任。

2. 职业健康监护档案的主要内容

职业健康监护档案的资料来源主要是职业健康检查机构。档案内容应当包括：劳动者的职业史、职业危害接触史、职业健康检查结果、职业病诊疗等有关个人健康资料。当然，用人单位出于对劳动者健康负责的目的而自行进行的各种检查资料，也可一并纳入职业健康监护档案中。职业健康监护档案的主要用途体现在：劳动者职业健康档案是劳动者健康变化的客观记录，是职业病诊断鉴定的重要依据之一，也是法院审理健康权益案件的物证。

3. 劳动者有权索取本人职业健康监护档案

根据这条的原则，可以这样来理解：

（1）劳动者离开用人单位时，有权索取职业健康监护档案复印件，用人单位应当无偿提供。

（2）职业病诊断和鉴定需要用人单位提供健康监护档案时，用人单位应当如实提供。

（3）职业健康检查机构有义务提供职业病诊断有关的健康检查资料。

（4）健康检查机构和用人单位对涉及劳动者个人隐私的应当保密。

十、对特殊人群的职业健康保护

《职业病防治法》第三十五条规定：“用人单位不得安排未成年工从事接触职业病危害的作业；不得安排孕期、哺乳期的女职工从事对本人和胎儿、婴儿有危害的作业。”

这条规定实际上是在现有《劳动法》、《未成年人保护法》以及有关女职工劳动保护方面法律、法规的基础上，从职业病危害防治的角度，进一步强化了国家对未成年人及处于特殊时期女职工实行特殊保护这样一个原则。我国《劳动法》第五十八条规定：“国家对女职工和未成年工实行特殊劳动保护。”

1. 对未成年人

依照《劳动法》中的定义，未成年工是指年满十六周岁未满十八周岁的劳动者。《劳动法》第十五条规定：“禁止用人单位招用未满十六周岁的未成年人。”第六十四条规定：“不得安排未成年工从事矿山井下、有毒有害、国家规定的第四级体力劳动强度的劳动和其他禁忌从事的劳动。”

《未成年人保护法》中也规定:“任何组织和个人不得招用未满十六周岁的未成年人。”该法还规定:“任何组织和个人依照国家有关规定招收已满十六周岁未满十八周岁的未成年人的，应当在工种、劳动时间、劳动强度和保护措施等方面执行国家有关规定，不得安排其从事过重、有毒、有害的劳动或者危险作业。”

未成年人无论在生理上还是心理上，都尚未完全成熟。他们对职业病防护方面的知识十分欠缺，自我保护意识和权益维护意识还没有完全形成，对职业危害可能带来的后果、造成的伤害缺乏准确的判断。如果过早地患上职业病，对他们的身心健康十分不利。因此，国家对未成年人实行特殊的保护。

2. 对孕期、哺乳期的女职工

妇女在妊娠、哺乳期间，体内物质代谢和其他功能发生改变，如果其性质恰与生产性毒物所引起的变化相符时，可使妇女对该物质的敏感性增高。许多毒物能够破坏胎盘障壁的完整性。例如，铅、汞、砷、苯、三硝基甲苯等，能从母体侵入胎盘组织，妨碍胎儿的正常发育，甚至导致流产、早产或死产等。对哺乳期的女工，可因体内的毒物随乳汁排出而引起婴儿中毒。据报道，铅、汞、三硝基甲苯、砷、二硫化碳、多氯联苯和其他有机溶剂，都有致毒作用。有些毒物可造成遗传物质 DNA 分子发生变化，导致胎儿畸型或发生遗传性疾病。因此，对于孕期、哺乳期的女职工进行保护，是非常必要的。

第二节 劳动者享有的职业健康权利

一、依法享有职业卫生保护的权利

《职业病防治法》第四条规定:“劳动者依法享有职业卫生保护的权利。”具体的职业卫生保护权利有:

(1)获得职业卫生教育、培训。这是劳动者的一项基本权利。使劳动者获得应有的、必须的职业卫生教育和培训,不仅有利于提高劳动者自身的职业危害防护能力,而且有利于提高用人单位的职业病防护水平,提高生产效率和经济效益。

(2)获得职业健康体检、职业病诊疗、康复等职业病防治服务。

(3)了解工作场所产生或者可能产生的职业病危害因素、危害后果和应当采取的职业病防护措施。用人单位应当主动向劳动者说明有关工作场所职业病危害的各种真实情况,不能有意回避或者拒绝劳动者的知情权,更不能出于种种原因,欺骗劳动者或者隐瞒本单位职业危害及相关情况。

(4)要求用人单位提供符合防治职业病要求的职业病防护设施和个人职业病防护用品,改善工作条件。

(5)对违反职业病防治法律、法规以及危及生命健康的行为提出批评、检举和控告。这项权利是劳动者参与对用人单位职业卫生工作管理进行监督的一项重要权力,对劳动者合理的批评以及依法进行的检举和控告行为,用人单位不得阻碍或利用各种形式进行打击报复。

(6)拒绝违章指挥和强令进行导致职业病的作业。违章指挥和强令进行导致职业病的作业，会导致严重的危害后果，直接影响到劳动者的生命健康。因此，《职业病防治法》赋予了劳动者这一项重要的权利。我国《劳动法》第五十六条中也规定："劳动者对用人单位管理人员违章指挥、强令冒险作业，有权拒绝执行；对危害生命安全和身体健康的行为，有权提出批评、检举和控告。"

（7）参与用人单位职业卫生工作的民主管理，对职业病防治工作提出意见和建议。劳动者参与用人单位职业卫生工作的民主管理，有利于对用人单位的职业卫生工作进行监督，有利于及时发现存在的问题和各种隐患，从而及时改进工作。劳动者参与用人单位职业卫生工作的民主管理，是职业病防治工作的特点所必须的，是确保劳动者权益的有效措施。对劳动者提出的合理意见和建议，用人单位应当严肃对待，认真研究处理。不得压制劳动者的批评和建议，不得拒绝、妨碍劳动者通过一定的民主形式而参与所在单位的民主管理，不能以种种借口置劳动者于民主管理于大门之外。

二、劳动者可选择职业病诊断机构

《职业病防治法》规定："劳动者可以在用人单位所在地或者本人居住地依法承担职业病诊断的医疗卫生机构进行职业病诊断。"

考虑到劳动者的流动性较大，为方便劳动者进行职业病诊断，《职业病防治法》赋予了劳动者职业病诊断选择权。本条规定意味着取消了过去实行的职业病诊断以当地诊断为主的原则。规定劳动者可以在用人单位所在地或者本人居住所在地的医疗卫生机构进行职业病诊断。从而适应了我国流动工人多的现状，方便了劳动者，有利于更好地保护职业病病人的合法权益。

三、职业病病人的待遇

《职业病防治法》第五十条规定：“职业病病人依法享受国家规定的职业病待遇。用人单位应当按照国家有关规定，安排职业病病人进行治疗、康复和定期检查。用人单位对不适宜继续从事原工作的职业病病人，应当调离原岗位，并妥善安置。用人单位对从事接触职业病危害的作业的劳动者，应当给予适当岗位津贴。”

近年来，由于产业结构调整，一些职业病患者较多的老工业企业面临关、停、并、转，致使大批职业病患者就医治疗经费困难，生活难以保障；一些新建的乡镇企业、外资企业仍然沿用传统的或境外已淘汰的有毒、有害生产工艺，致使大量农民合同工、临时工患上职业病而得不到医疗救治，许多农民家庭因病返贫、因病致贫。职业病患者处理与待遇保障是职业病防治工作中的重要内容，是党和政府对职业卫生工作关心与支持的具体体现，它关系到广大职业病患者的切身利益，关系到职业病防治工作的成败。

用人单位必须根据职业病诊断机构的要求，将职业病患者调离原工作岗位，并安排其从事其他工作，使患者脱离接触职业危害因素，防止病情进一步加重。同时要为患者提供必要的医疗条件，满足职业病的治疗需要，以利于患者逐步恢复生活能力和劳动能力。对慢性职业病患者要定期安排复查，以便于医疗单位及时掌握病情的进展，不断修订诊断、调整治疗手段，最大限度地维持患者的生命。

“谁造成职业危害，谁负责损害赔偿”，这是当前解决职业病患者医学处理与待遇保障问题的基本原则，也是《职业病防治法》的立法指导思想之一。本条条款对职业病患者的工作安排、医学处理和待遇提供了有力的法律支持，将极大地改善广大职业病患者的生活就医条件，保障职业病患者的合法权益得到真正落实。

四、职业病病人可获得民事赔偿

《职业病防治法》规定："职业病病人除依法享有工伤社会保险外，依照有关民事法律，尚有获得赔偿的权利的，有权向用人单位提出赔偿要求。"

（1）依照《职业病防治法》的规定，用人单位必须依法参加工伤社会保险；职业病病人依法享受国家规定的职业病待遇；职业病病人的诊疗、康复费用，伤残以及丧失劳动能力的职业病病人的社会保障，按照国家有关工伤社会保险的规定执行。因此，认真落实这些规定，职业病病人的诊疗、康复费用及有关社会保障可以得到相当程度的解决。但是，在特定的情况下也还有可能难以完全补偿职业病病人因患有职业病所受到的损害。这样，职业病病人就有权要求用人单位进行赔偿，法律对保护职业病病人的这种正当权利给予了肯定。

（2）从我国目前的实际情况看，全国已有相当一部分企业和职工参加了工伤社会保险，但仍有一些高风险的行业没有参加，城镇集体企业、乡镇企业、私营企业大多数没有参加，导致许多职业病病人的合法权益没有保障。针对这种情况，本条规定，职业病病人除依法享受工伤社会保险外，依照我国有关民事法律的规定，职业病病人享有赔偿请求权，职业病病人有权向用人单位提出赔偿要求。

第三节　用人单位承担的法律责任

一、未履行有关法定义务的法律责任

根据《职业病防治法》第六十四条的规定，用人单位有下列行为之一的，由卫生行政部门责令限期改正，给予警告，可以并处2万元以上5万元以下的罚款：

（1）未按照规定及时、如实向卫生行政部门申报产生职业病危害的项目的。

（2）未实施由专人负责的职业病危害因素日常监测，或者监测系统不能正常监测的。

（3）订立或者变更劳动合同时，未告知劳动者职业病危害真实情况的。

（4）未按照规定组织职业健康检查、建立职业健康监护档案或者未将检查结果如实告知劳动者的。

《职业病防治法》第十四条规定了建立职业病危害项目的申报制度，这一制度有利于有关主管部门掌握用人单位的职业病危害的情况，用人单位应当及时、如实地向卫生行政部门申报产生职业病危害的项目；第二十四条规定，用人单位应当实施由专人负责的职业病危害因素日常监测，并确保监测系统处于正常运行状态；第三十条规定，用人单位在与劳动者订立或者变更劳动合同时，应履行告知义务，将劳动过程中可能产生的职业病危害及其后果、职业病防护措施和待遇等如实告知劳动者，不得隐瞒或者欺骗，这是对劳动者知情权的保护；第三十二条，要求用人单位对从事接触职业病危害的作业的劳动者，应当按照规定组织职业健康检查并将检查结果如实告知劳动者；第三十二条，要求用人单位应当为劳动者建立职业健康监护档案。用人单位如果违反上述规定，就要依法承担相应的法律责任。

根据法律规定，用人单位有上述违法行为的，应当承担以下法律责任：

①警告。即卫生行政部门发现用人单位有本条规定的违法行为时，对违法行为人给予告诫，使其认识自己违法所在和如何改正。同时，卫生行政部门在实施这一处罚时，还应根据《行政处罚法》第二十三条的规定，责令用人单位限期改正其违法行为。

②罚款。法律规定的“可以并处”罚款是一种供选择的行政处罚方式，有关行政机关可以根据用人单位违法行为的情节、改正情况等决定是否采用。罚款的数额，法律也作了明确规定，即2万元以上5万元以下，具体处罚数额由卫生行政部门根据用人单位的违法行为情节轻重决定。

二、对劳动者生命健康造成严重损害的法律责任

《职业病防治法》第七十条规定：“用人单位违反本法规定，已经对劳动者生命健康造成严重损害的，由卫生行政部门责令停止产生职业病危害的作业，或者提请有关人民政府按照国务院规定的权限责令关闭，并处十万元以上三十万元以下的罚款。”

（1）这里所讲的“责令停止产生职业病危害的作业”，属于《行政处罚法》第八条规定的行政处罚的一种，是指行政机关对违反行政管理秩序的单位，限其在一定期限内停止生产或经营活动的一种行政处罚，属于行为处罚。这里所讲的“责令关闭”，是指行政机关对违反行政管理秩序的单

位，依法剥夺其从事某项生产和经营活动的权利的一种行政处罚。用人单位违反本法的有关规定，对劳动者健康已经产生严重损害，这已经构成了严重的违法行为，因此，卫生行政部门应当立即责令用人单位停止产生职业病危害的作业，或者在必要的情况下，提请有关人民政府按照国务院规定的权限责令其关闭。

同时，对于有本条规定的违法行为的用人单位，卫生行政部门还应同时对其处以10万元以上30万元以下罚款的行政处罚，具体数额由处罚机关根据实际情况决定。

（2）处罚对象必须满足两个条件：第一，违反了本法的有关规定；第二，违法行为已经对劳动者的生命健康造成了严重的损害。这两个条件缺一不可。对于违反《职业病防治法》的有关规定，但尚未对劳动者生命健康造成严重损害的，应当按照《职业病防治法》“法律责任”一章其他条款的规定对其进行处罚。此外，值得注意的是，如果按照本条和本法中的其他条款均可对用人单位的某一行为进行处罚时（例如，用人单位违反《职业病防治法》第二十四条第四款，在工作场所职业病危害因素经治理仍然达不到国家职业卫生标准和要求时，未停止存在职业病危害因素的作业，从而对劳动者健康造成了严重的损害，此时，依据《职业病防治法》第七十条和第六十五条均可以对用人单位进行处罚），行政执法机关应当严格遵守《行政处罚法》第二十四条关于对当事人的同一个违法行为不得给予两次以上罚款的行政处罚的规定，只能选择一个条款给予当事人一次处罚。

三、构成犯罪的刑事责任

《职业病防治法》第七十一条规定：“用人单位违反本法

规定，造成重大职业病危害事故或者其他严重后果，构成犯罪的，对直接负责的主管人员和其他直接责任人员，依法追究刑事责任。”

“职业病危害事故”是指存在于工作场所的职业病危害因素由于某种意外原因，如违反操作规程、职业病防护设施不能正常工作等，对劳动者的生命健康造成重大损害，如因毒气泄漏引起急性中毒事故等。“直接负责的主管人员”是指在单位违法行为中负有直接领导责任的人员，包括违法行为的决策人，事后对单位违法行为予以认可和支持的领导人员，以及由于疏于管理或放任，因而对单位违法行为负有不可推卸责任的领导人员；“其他直接责任人员”是指直接实施违法行为的人员。这里所指的“依法追究刑事责任”，是指按照《刑法》有关重大责任事故罪的规定，对有关当事人进行处罚。

我国《刑法》第一百三十四条规定了企业、事业单位职工的重大责任事故罪，即“工厂、矿山、林场、建筑企业或者其他企业、事业单位的职工，由于不服从管理、违反规章制度，或者强令工人违章冒险作业，因而发生重大伤亡事故或者造成其他严重后果的，处三年以下有期徒刑或者拘役；情节特别恶劣的，处三年以上七年以下有期徒刑。”构成本罪必须具备以下条件：

（1）构成本罪的主体是特殊主体，即工厂、矿山、林场、建筑企业或者其他企业、事业单位的职工，既包括普通工人也包括管理者。

（2）行为人主观上是过失。

（3）行为人的犯罪行为主要表现有：

①由于不服从管理，违反规章制度，因而发生重大伤亡

事故或者造成严重后果。

②强令工人违章冒险作业，因而发生重大伤亡事故或者造成严重后果。

（4）行为人的行为必须是导致发生重大伤亡事故或者造成严重后果的。

《刑法》第一百三十五条规定了对劳动安全设施不符合国家规定因而发生事故的犯罪的处罚，即“工厂、矿山、林场、建筑企业或者其他企业、事业单位的劳动安全设施不符合国家规定，经有关部门或者单位职工提出后，对事故隐患仍不采取措施，因而发生重大伤亡事故或者造成其他严重后果，对直接责任人员，处三年以下有期徒刑或者拘役；情节特别恶劣的，处三年以上七年以下有期徒刑。”构成本罪必须具备以下条件：

（1）构成本罪的主体是单位，但对直接责任人员判处刑罚。

（2）单位的劳动安全设施，不符合国家规定。

（3）经有关部门或者职工提出后，对事故隐患仍不采取措施。

（4）必须是发生了重大伤亡事故或者造成其他严重后果，这是罪与非罪的界限。

《刑法》第一百三十六条规定了违反危险物品管理规定造成重大事故的犯罪的处罚，即“违反爆炸性、易燃性、放射性、毒害性、腐蚀性物品的管理规定，在生产、储存、运输、使用中发生重大事故，造成严重后果的，处三年以下有期徒刑或者拘役；后果特别严重的，处三年以上七年以下有期徒刑。”构成本罪必须具备以下条件：

（1）构成本罪的主体是从事生产、储存、运输、使用危险物品的工作的人员。

（2）行为人在主观上出于过失。

（3）行为人在客观上违反了国家关于危险品管理的规定。

（4）发生了重大事故造成了严重后果。

如果用人单位及其工作人员违反《职业病防治法》的有关规定，造成重大职业病危害事故或者其他严重后果，且行为符合上述刑法规定的犯罪，或者符合刑法其他条规定的犯罪的构成要件，就要依据相应规定承担刑事责任。

案例与问题解答

1. 淘金农民工恶梦初醒

安徽省六安市裕安区西河口乡、石板冲乡、独山镇等三个乡镇属贫困地区，每年约有两万名青年外出打工，多数从事井下作业。据打工者反映：“风钻一开起来，眼前就像蒸气炉放气一样，什么都看不见。”许多矿井没有任何卫生防护设施，不配备个人卫生防护用品，更谈不上对工人进行定期体检。自1999年起，务工人员中陆续出现咳嗽、胸闷、呼吸困难、乏力等症状。由于缺乏尘肺病的知识，未能得到及时有效的治疗和妥善的安置。直到2002年10月，该三乡镇赴海南务工返乡人员相继有10余人到省职业病防治所求治，发现有矽肺或可疑矽肺，且大多数为二期以上，其中已死亡两人。一名35岁的农民，从1997年起和老乡前往金矿打工，发现咳嗽带血，为了多挣钱，一直在矿里挺着，直到挺不住了才回村，此时已转为二期矽肺。由于当时矿主与打工者签有“生死合同”，因而矿主拒绝出示打工者的职业史证明，职业病诊断机构无法确诊为尘肺病，患者无法享受职业病待遇。这些矽肺患者，大多数是青壮年，只因“生死合同”，患病后无人管，为了治病花光了所有的积蓄。乡镇政府已意识到问题的严重性，开始建立劳动服务站，完善管理职能，加大劳动保护的宣传力度，增强外出务工者的自我保护意识。

分析：此案例违反了《职业防治法》，主要表现在三个方面：

（1）用人单位没有对劳动者采取有效的防护措施。

（2）用人单位没有按照规定对劳动者进行健康检查。

（3）劳动者的自我保护意识不强，没有依法签定劳动合同。

2. 青海省某乡农民尘肺病高发

2003年10月，某省职业病防治院组织扶贫医疗队赴某乡，对50名曾在本乡硅石矿和石英砂厂作业的农民进行免费体检。经检查，13人确诊为尘肺病，检出率为26%，他们平均年龄43岁，最小的38岁。据村民反映，该乡8个自然村中患此类病的患者还有不少，都是从事过石英砂作业的农民，主要症状是咳嗽、胸痛、气喘、乏力，不能下地劳动。一位十分虚弱的农民张某，几年来一直疾病缠身，不能下地劳动，已花费5000

多元钱治病，目前病情仍在加剧。从事石英砂作业3～5年的农民刘某和黄某，已先后病故，死亡时年仅40多岁，两人都是因患矽肺病而死的。另据介绍，该乡是省定贫困乡，9000多人口，8个自然村，人均收入120元。为脱贫本乡依靠当地丰富的硅石资源，先后开办了13家集体和个人石英砂加工厂，有数百名劳力曾从事过石英砂作业。但由于不注意劳动保护，无防尘设施，大多数人有程度不同的身体不适。省职业病防治院的卫生监督人员曾数次到石英砂厂，进行职业卫生监督和监测。监测出粉尘作业点8个，超标率为100%，粉尘浓度超标294倍，他们遵照有关卫生法规和标准提出粉尘治理和职业防护措施，却未引起有关方面重视。目前从事过粉尘作业的百余名农民，正在逐年达到发病高峰。

分析：依法加强乡镇及个体企业的尘毒治理，重视职业病防治工作，才能做到经济和各项社会事业协调发展。《职业病防治法》规定，乡镇政府的主要领导对于防治职业病具有重要的责任。

3. 含苯化学物汽油急性中毒案

2000年7月22日至8月7日，某外国独资制鞋有限公司接连出现三例含苯化学物汽油中毒患者。三名女性中毒者都是生产流水线上手工刷胶作业的操作工，工龄均为15年。中毒表现为接触胶粘剂2小时后，自觉胸闷、恶心、浑身无力、视力模糊、四肢麻木，以致抽搐昏倒。现场调查发现，在长70米、宽12米的车间内，并列两条生产线，近百名工人进行手工刷胶作业，室温高达37度多，车间内弥漫着极大的汽油味，工人每日工作达8~12小时，劳动条件十分恶劣，40余个直径30cm敞口的胶浆盆布满整个车间，原料汽油桶、甲苯桶、亮光剂桶、胶浆桶全部敞口任其挥发。车间尽头置有三台硫化罐，其高温蒸汽和硫化烟雾，加之生产线上的烘干箱、热烤板等热源带来的高温，加速了有机溶剂的挥发，以致车间污染严重。工人没有任何个人卫生防护。尤为严重的是企业为追求利润，不按要求使用溶剂汽油，而改用价格较低毒性较大的90号燃料汽油作为橡胶溶剂，使得配制的胶浆中含有较高的苯、甲苯和二甲苯。经现场采样分析：车间空气中苯、甲苯、二甲苯、汽油浓度均严重超过国家卫生标准。从而引发了急性中毒事故的发生。结合职业史，三名中毒患者确诊为急性轻度有机溶剂中毒（含苯化学物汽油）。

分析：企业不能只贪图经济利益而置劳动者的健康于不顾，必须严格执行《职业病防治法》的规定，要以对劳动者身体健康高度负责的态度，重视职业危害防治工作，为劳动者创造一个符合职业卫生要求的工作环境。

4. 30名苯作业工人中有12名患“再生障碍性贫血”

河北省某村办鞋厂，1999年6月投产，有职工132人，创办时未经预防性卫生监督。2000年10月，该厂为赶外贸出口任务，利用一间约45平方米库房作为绷楦工段场地，房间无通风设备，工人也无任何防护措施，30名工人在此每天工作10~12小时，使用以纯苯做溶剂的氯丁胶为粘合剂。30名工人中工龄最长的14个月，最短的4个月。年龄最大的35岁，最小的17

岁。至2001年3月，该鞋厂先后发生再生障碍性贫血12例，其中死亡1例。异常检出率为40%。经卫生部门现场调查，测定作业场所苯浓度为241毫克/每立方米（国家卫生标准为40毫克/每立方米），超过国家最高允许浓度5倍。该厂老板采取欺骗手段，不让工人知道自己从事的工作有害，而且工资以外无其他任何待遇。投产两年来，未进行过作业场所监测和职业性健康检查。现患再生障碍性贫血者，有的可能发展为白血病。

分析：该厂从建厂到投产后的整个过程，都没有职业卫生意识，严重违反了《职业病防治法》。

本讲引用的法律、法规和政策

1.《中华人民共和国合同法》

（1999 年 3 月 15 日第九届全国人民代表大会第二次会议通过，1999 年 10 月 1 日施行）

2.《中华人民共和国行政处罚法》

（1996 年 3 月 17 日第八届全国人民代表大会第四次会议通过，1996 年 10 月 1 日施行）

3.《中华人民共和国刑法》

（1979 年 7 月 1 日第五届全国人民代表大会第二次会议通过，1997 年修订，1997 年 10 月 1 日施行）

4.《中华人民共和国职业病防治法》

（2001 年 10 月 27 日第九届全国人民代表大会常务委员会第二十四次会议通过，2002 年 5 月 1 日施行）

5.《中华人民共和国劳动法》

（1994 年 7 月 5 日第八届全国人民代表大会常务委员会第八次会议通过，1995 年 1 月 1 日施行）

6.《中华人民共和国未成年人保护法》

（1991 年 9 月 4 日第七届全国人民代表大会常务委员会第二十一次会议通过，1992 年 1 月 1 日施行）

7.《工伤保险条例》

（2003 年 4 月 16 日国务院第五次常务会议讨论通过，2003 年 4 月 27 日国务院令第 375 号颁布，2004 年 1 月 1 日施行）

第九讲　献血与用血

第一节　国家实行无偿献血制度

一、无偿献血是奉献爱心的行为

血液是生命的组成部分，是一种特殊的资源，它在医学临床用血中，发挥着其他药物不可替代的重要作用。

现代医学表明，人体血液中的红细胞平均寿命为 120 天，一般情况下，成年人每天约有 40 毫升血液中的红细胞衰老和死亡，同时又有相应数量的红细胞生成。平均每个成年人体内血液有 4000 ~ 5000 毫升，其中 80% 左右在血液循环系统内流动，20% 左右在体内贮存用于补充，因此，在半年左右时间内，采血 200 ~ 400 毫升不会影响献血者的身体健康。

我们知道，人的生命无价，血液也是无价的。然而，世界上许多国家都有过从职业卖血者供血到无偿献血的历史过程。卖血者中有的是贫困者，但也不乏吸毒者、娼妓和传染病患者。由于无法保证血液的质量，血源性疾病就长期严重威胁着人类的健康。半个世纪以前，人们逐步认识到了无偿献血的必要性。对于一个社会而言，无偿献血是文明的标志；对一个公民而言，无偿献血是实践人道主义精神、奉献爱心的行动。因此，世界上从发达国家到发展中国家，大多数都实行了无偿献血制度。

二、依法保障血液安全

我国在 1998 年 10 月《献血法》颁布实施前，由于存在职业卖血者，各种经血传播的疾病案例层出不穷，严重威胁着用血者的生命安全。不少传染病就是通过输血传播的，如病毒性疾病就有：乙、丙、丁、庚型肝炎病毒、艾滋病病毒、输血传播病毒（TTV）、巨细胞病毒及嗜人 T 细胞白血病病毒等。最近，英国科学家发现，疯牛病的传播也可能与输血有关。据调查，一些地方职业卖血者的血液中乙型肝炎表面抗原检测阳性率高达 30% ~ 90%，丙型肝炎抗体检测阳性率达 40% 以上。最严重的经血传播性疾病是艾滋病。一些农民到非法血站卖血浆（一次卖血收入 60 ~ 80 元）而感染艾滋病，结果倾家荡产、家破人亡，出现了不少“艾滋孤儿”、“艾滋孤老”。目前，艾滋病发病率正以每年 30% 以上的速度增加，如果控制措施不力的话，到 2010 年，我国艾滋病感染者将超过 1000 万人，将严重威胁着人民群众的生命安全和身体健康。

因此，世界卫生组织针对血液安全问题，向世界各国提出了四项基本要求：建立和组织完善的输血服务网络；从来自低风险人群中自愿无偿的献血者那里采集血液；对采集的血液要进行检测，保证血液的质量；临床要合理使用血液。我国自 1998 年《献血法》实施以来，无偿献血占采集血液的比例由 23% 逐年上升，2002 年已达到 88%。有些地方的无偿献血工作组织得较好，不但城镇无偿献血的人数多，农民参加无偿献血的也越来越多。如，浙江省农民无偿献血的已达到血液采集量的50%以上。到2002年底，全国无偿献血20次以上的公民已达到2780人，表明了我国无偿献血制度被社会所接受，血液安全状况已得到改善。

第二节 保障献血和用血安全的法律法规

我国为了保障公民临床用血的安全和保证血液制品的质量，预防和控制经血液传播疾病，1996年国务院制定了《血液制品管理条例》，1997年全国人民代表大会颁布了《中华人民共和国献血法》，1998年卫生部制定了《血站管理办法》等法律文件，以及《临床输血技术规范》《血站基本标准》《单采血浆站基本标准》《医疗机构临床用血管理办法》《脐带血造血干细胞库管理办法》等技术管理规范。这些法律、法规和管理规范不但明确规定对原料血浆的采集和临床用血的采集严格实行分开管理，临床用血不得出售给单采血浆站或血液制品生产单位，单采血浆站严禁采集全血，严禁将单采血浆站的原料血浆应用于医学临床，而且还明确规定了维护人民群众献血和用血安全的十项基本原则，即：

（1）国家实行无偿献血制度和血浆单采统一规划、设置制度。

（2）卫生行政部门监督管理献血工作。

（3）血站是不以营利为目的的公益性组织。血站实行执业许可证制度，血站技术人员实行资格证书制度；血源、采供血和检测原始记录实行十年保存制度。

（4）血站必须对献血者进行健康检查；医疗机构对临床用血必须进行核查。

(5) 无偿献血的血液必须用于临床。血站、医疗机构不得将无偿献血的血液出售给单采血浆站或者血液制品生产单位。

(6) 国家实行《单采血浆许可证》制度和《供血浆证》制度；规定除血液制品生产单位或者县级人民政府卫生行政部门设立的单采血浆站外，其他任何单位和个人均不得从事单采原料血浆活动，血站也不得从事单采原料血浆的活动。

(7) 国家严禁单采血浆站采集无《供血浆证》者的的血浆和非划定区域的供血浆者及其他人员的血浆。

(8) 单采血浆站在采集血浆前必须对供血浆者进行身份识别、健康检查和血液化验；血液制品生产单位在原料血浆生产投料前必须对每一人份血浆进行全面复检。

(9) 单采血浆站必须使用单采血浆机械进行采集血浆，严禁手工操作采集血浆。

(10) 单采血浆站只能向一个与其签订质量责任书的血液制品生产单位供应原料血浆；禁止向其他任何单位供应原料血浆；同时，国家严禁单采血浆站将采集的血液或原料血浆用于医学临床。

以上这些原则，每一条都是由惨痛的教训凝结而成的，忽视其中任何一点都可能酿成事故。为了落实上述原则，国家制定了一系列管理规范、技术标准和操作规范，具体内容主要有：

一、血站必须依法设立

《中华人民共和国献血法》中规定，血站的性质“是采集、提供临床用血的机构，是不以营利为目的的公益性组织。”因此，任何人指望开办血站赚钱都是违法的。“设立血站向公民采集血液，必须经国务院卫生行政部门或者省、自治区、直辖市人民政府卫生行政部门批准。”

血站分为血液中心、中心血站、基层血站或中心血库。《血站管理办法》规定，设立血液中心必须由国家卫生部批准，设立中心血站、基层血站和中心血库必须经省卫生厅批准。

同时，国家规定上述机构开展采供血业务还必须执行严格的执业许可制度，即经中国输血协会进行的执业验收合格后，再向省卫生厅提出注册登记申请，领取《血站执业许可证》或《中心血库采供血许可证》后方可进行。卫生部明确规定“未取得采供血许可的单位和个人，不得开展采供血业务。”因此，农民群众在献血和用血时，为了保证自身的生命安全和健康，一定要注意采供血机构是不是合法的，如果发现对方不是合法的，应拒绝其采血并积极举报。

二、血站必须具备的基本卫生条件

根据《血站基本标准》和《单采血浆站基本标准》的规定，其科室设置、人员配置、建筑设施、仪器设备、急救药品和工作制度、岗位职责、技术操作规程都应当达到法定的要求，必须做到血站、单采血浆站的内外环境整洁、安静、安全、绿化和美观，并按照卫生学要求，做到周围无污染源，污水、污物及废气排放与处理必须符合《中华人民共和国环境保护法》的有关规定。公民献血时如果发现采血机构环境与条件脏、乱、差，就要了解一下它是否是合法的血站或单采血浆站。

三、献血前必须进行健康检查

为了保证输血和用血的安全，《献血法》规定：“血站必须对献血者免费进行必要的健康检查，身体状况不符合献血条件的，血站应说明情况，不得采集血液。”对此，卫生部制定了《献血者健康检查标准》。

“必要的健康检查”是指通过验血等手段在短时间内了解有关献血者的血液和身体健康状况，包括询问献血者的年龄（符合者在18～55岁）、体重（男大于50千克、女大于45千克）、血压（90～140/60～90毫米汞柱）、过去患过何种疾病，上次献血到现在的间隔是否超过6个月等。若前来献血的公民正患感冒、腹泻的，血压偏高或偏低的；女性在月经期、妊娠期或流产未满6个月、分娩未满1年的；近5年内输过血的都暂不能采血。而有吸毒史的、有多个性伴侣的和患有艾滋病、性病、结核病、血液病、精神病、过敏性疾病、寄生虫病以及各型病毒性肝炎等容易经血传播疾病的都不能献血。

体检合格后要经过规范的验血程序，检验合格者才能献血。献血后血站要记录在案，并发给记录有献血者姓名、出生年月日、血型、献血时间、地点、献血量、采血者签字并加盖血站公章的《无偿献血证》。《无偿献血证》是公民履行了献血义务的凭证。将来献血者及其家属若临床需要用血，可凭《无偿献血证》和献血次数的多少减免输血费用。

四、采集血液必须严格遵守操作规程

《献血法》规定，血站采集血液必须由具有采血资格的医务人员进行，非专业人员不得从事；同时采血必须使用一人一次性的采血器材，使用后立即销毁，绝不允许重复使用；采集后的血液按照国家规定的标准进行检测，不合格的不得向医疗机构提供，否则承担相应的法律责任。

单采血浆站在采集血浆前，对供浆者必须进行身份识别并核对其《供血浆证》。确认无误方可按照规定程序进行健康检查和血液化验；合格的才能采浆并记录在案。单采血浆站必须使用单采血浆机械进行采浆，严禁手工操作采浆；采集的血浆必须按单人份进行冰冻保存，严禁混浆，以便在生产前再次检测，淘汰不合格的血浆，确保血浆质量和安全。

血站和单采血浆站如果违反采供血操作规程，除了要受到行政处罚外，造成损害的还要承担相应的法律责任。

第三节 保障用血者安全的措施

一、医疗机构保障用血安全方面的义务

根据我国有关的法律、法规，医疗机构在保障患者临床用血安全时必须履行三项法定义务：

1. 保证血液质量的义务

这主要体现在两个方面。首先，临床用血的储存和使用必须符合国家规定的卫生标准和规范，防止血液被污染；其次，医疗机构应配备血液检验人员和仪器设备，建立严格的验血制度和输血操作规范，在临床使用血液之前必须进行核查，绝不能将不符合国家规定标准的血液用于患者，否则，给输血者带来的健康损害，要承担民事赔偿责任或刑事责任。

2. 保证献血者免费和减少用血费用的义务

血液不是商品。由于血液是公民无偿献血而来的，因此《献血法》明确规定，公民临床需要用血时，血液本身是免费的。用血者只需要适当缴纳血液的采集、储存、分离、检验等必要的成本费用。费用标准由国家卫生行政部门和物价部门共同制定。而无偿献血者本人或亲属在临床需要用血时，可免交或减交上述血液的采集、储存、分离、检验等费用。具体如何免交，《献血法》授权各省、自治区、直辖市规定。因此，当用血者持献血证明时，医疗机构必须执行免交和减交的规定。

3. 科学、合理用血的义务

由于血液资源十分宝贵，医疗机构应当严格掌握输血的适应症，禁止输“人情血”、“安慰血”。凡患者的血红蛋白低于100/L、血液压积低于30%的才符合输血条件。医疗机构应积极推广成份输血，患者缺什么血液成份就补什么成份，尽可能做到节约、高效用血。输血前，医师应当按照有关程序履行报批手续，输血2000毫升以上的要经医务负责人签字，为患者减少输血感染的风险和费用负担。

二、公民临床急救用血

血液从采集、检验、分离、储存到使用都需要一定的时间，同时，由于血液保存的条件和时限要求很高，医疗机构不可能大量储存。因此，在紧急抢救时，医疗机构往往出现血源不足或者缺少某种血型的血液的问题。

对此，《献血法》提倡并建议公民自身储血，或者动员家庭成员、亲友、所在单位及社会相互献血。所谓自身储血，是指可以择期手术的患者，可以在手术前先将自己的血液提前抽出来储存，当手术时再回输给自己，这样可以保证血液的安全。同时，由于亲属和亲友最了解彼此的身体健康情况，因亲情相关，他们献出的血液质量通常是可靠的。

但医疗机构毕竟不是血站，不能将采血作为日常工作。在医学临床急救用血而当地又没有血站或者血站没有这种血型，但输血又是必须的治疗手段，没有其他办法可以替代时，医疗机构方可采血。即使是急救，医疗机构采血也必须严格按照《献血法》的有关要求和操作规程，保证血液的质量。否则，出现问题给患者造成人身损害，也必须承担相应的责任。

三、国家在保障血液安全方面采取的措施

（1）加强血站建设，保障临床用血的安全。2001 年，中央采取国债项目投入 12.5 亿元，地方配套 10 亿元，共计 22.5 亿元，用于全国 318 个血站的新建、改建及设备配置。

（2）保障血液安全，防治艾滋病。卫生部集中采购 2500 万元的艾滋病病毒快速检测试剂发给基层医疗机构使用，并且专门下发通知，要求对采集的每一份血液必须进行艾滋病病毒的检测，不允许漏检、不检。

（3）强化采供血机构和人员的管理，提高工作人员的业务素质。2002 年，卫生部对全国采供血机构的 25000 名人员进行了全员培训，之后进行全国统一的考试，对未取得合格证的人员予以分流。

（4）推广临床科学合理用血。从 2002 年起，我国已将安全科学用血的相关知识纳入医师资格考试中。同时，对目前已经在临床工作的 300 多万医务人员进行血液安全和科学用血知识的培训。

（5）全面清理整顿单采血浆站。2001年以来，国家对全国的单采血浆站进行全面检查和整顿，对部分人员伪造身份证件或者一人持多证频繁卖血浆的行为进行严格管理；加大对非法采供血活动的打击力度，建立举报制度，依法查办非法采浆的大案、要案，取缔了大量非法采浆的窝点，确保我国的生物制品、血液制品的质量和人民群众用血及血液制品的安全。

第四节 有关的法律责任

一、非法采集、供应血液或者制作、供应血液制品的法律责任

非法采集、供应血液的行为，可以是不具备采集、供应血液的单位和个人所为，也可能是依法成立的血站、单采血浆站工作人员所为。违法行为包括：

（1）采集血液、血浆前未按照国家颁布的健康检查标准对供血者、供血浆者进行健康检查和血液化验的。

（2）采集非划定区域内的供血者、供血浆者或其他人员血液、血浆的，或者不对供血者、供血浆者进行身份识别，采集冒名顶替者、健康检查不合格者或者无《供血证》、《供血浆证》者血液、血浆的。

（3）违反有关血液采集的技术操作标准和程序，过频过量采集血液、血浆的。

（4）向医疗机构直接供应原料血浆或者擅自采集血液的。

（5）未使用单采血浆机械进行血浆采集的。

（6）未使用有产品批准文号并经国家有关机构检定合

格的试剂及一次性采血器材的。

(7) 未按国家规定的卫生标准和要求包装、储存、运输血液、血浆的。

(8) 对国家规定检测项目检测结果呈阳性的血液、血浆不清除、不及时上报的。

(9) 对污染的注射器、采血器材及不合格血液等不经消毒处理，擅自倾倒、污染环境，造成社会危害的。

(10) 重复使用一次性采血器材的以及其他非法采集、供应血液的行为。

对上述违法行为，在行政处罚方面，县级以上卫生行政部门可予以取缔，没收非法所得，并处10万元以下的罚款；在刑事处罚方面，《刑法》第三百三十四条第一款规定："非法采集、供应血液或者制作、供应血液制品，不符合国家规定的标准，足以危害人体健康的，处5年以下有期徒刑或者拘役，并处罚金；对人体健康造成严重危害的，处5年以上10年以下有期徒刑，并处罚金；造成特别严重后果的，处10年以上有期徒刑或者无期徒刑，并处罚金或者没收财产。"

二、血站、医疗机构出售无偿献血的血液的法律责任

国家规定无偿献血的血液只能用于临床，血站和医疗机构不得随意买卖。否则卫生行政部门可以依法没收其违法所得，并处以10万元以下的罚款。如果造成严重后果的，还要追究其主要负责人的刑事责任。

三、非法组织他人出卖血液的法律责任

非法组织他人出卖血液的"血头"、"血霸"在前些年

的一些地区活动十分猖獗，他们组织一批卖血队伍，各霸一方，不择手段进行盘剥渔利。这是触犯我国《刑法》的严重犯罪行为。《刑法》第三百三十三条规定:“非法组织他人出卖血液的，处5年以下有期徒刑，并处罚金；以暴力、威胁方法强迫他人出卖血液的，处5年以上10年以下有期徒刑，并处罚金。有前款行为，对他人造成伤害的，依照本法第二百三十四条的规定定罪处罚。”

案例与问题解答

1. 血站违反采供血规定致人感染艾滋病

1996年9月，河南某地一岁半的女孩李×在家玩耍时打翻了暖水瓶，造成全身40%以上的深二度烫伤。当地医院根据病情为她输血5次并配合其他疗法，10天后病情稳定出院。2001年3月，李×出现间断发热、咳嗽、呕吐症状，多方治疗无效，7月被诊断为艾滋病。李×及其家属当即将医院和血站推上被告席。2002年4月，女孩李×病逝。医院提出使用的血液是当地血站供给的，医院在治疗中没有差错的辩护，而血站则辩称原告感染艾滋病不能排除母婴传播的可能。经法庭调查，并对李×父母进行检测，均未感染艾滋病，排除了母婴传播的可能。法院指出，该血站没有按照国家的有关规定使用“供血卡”，献血人员的年龄、籍贯不准确，无身份证号码，无具体住址，很难证实献血者的真伪，而且也没有办法对献血者的血样进行复检，该血站工作不严谨，违反了采血的操作规程，采集了带艾滋病病毒的血液，导致李×的死亡，血站应承担赔偿原告的医疗费、检查费、丧葬费、误工费和精神抚慰金99460元。

分析：《献血法》第十条规定："血站采集血液必须严格遵守有关操作规程和制度，采血必须由具有采血资格的医务人员进行，一次性采血器材用后必须销毁，确保献血者的身体健康。血站应当根据国务院卫生行政部门制定的标准，保证血液质量。血站对采集的血液必须进行检测；未经检测或者检测不合格的血液，不得向医疗机构提供。"第十九条规定："血站违反有关操作规程和制度采集血液，由县级以上地方人民政府卫生行政部门责令改正；给献血者健康造成损害的，应当依法赔偿，对直接负责的主管人员和其他直接责任人员，依法给予行政处分；构成犯罪的，依法追究刑事责任。"本案中血站严重违反了上述规定，采集了含有艾滋病病毒的血液，结果导致病人患艾滋病死亡，依法应当进行赔偿。

2. 非法组织他人卖血

2002年9月至10月，某省农民周××等三人多次非法组织外地人到北京市某血站和医院卖血，从中牟利。因涉嫌非法组织卖血罪，被公安机关刑事拘留。鉴于三人有悔罪的表现，分别判处2年以上有期徒刑，各处罚金数千元，受到了应有的处罚。

分析：《献血法》第十八条规定："有下列行为之

一的，由县级以上地方人民政府卫生行政部门予以取缔，没收违法所得，可以并处十万元以下的罚款；构成犯罪的，依法追究刑事责任：（一）非法采集血液的；（二）血站、医疗机构出售无偿献血的血液的；（三）非法组织他人出卖血液的。”《刑法》第三百三十三条规定：“非法组织他人出卖血液的，处五年以下有期徒刑，并处罚金；以暴力、威胁方法强迫他人出卖血液的，处五年以上十年以下有期徒刑，并处罚金。”非法组织他人卖血是违反我国刑律的行为，应当承担相应的刑事责任。

本讲引用的法律、法规和政策

1.《中华人民共和国刑法》

（1979 年 7 月 1 日第五届全国人民代表大会第二次会议通过，1997 年修订，1997 年 10 月 1 日施行）

2.《中华人民共和国献血法》

（1997 年 12 月 29 日第八届全国人民代表大会常务委员会第二十九次会议通过，1998 年 10 月 1 日施行）